1919~1945
대한민국 임시정부

천천히읽는책_83

1919~1945 대한민국 임시정부

글 은동진

펴낸날 2025년 12월 3일 초판1쇄
펴낸이 김남호 | 펴낸곳 현북스
출판등록일 2010년 11월 11일 | 제313-2010-333호
주소 07207 서울시 영등포구 양평로 157 투웨니퍼스트밸리 801호
전화 02)3141-7277 | 팩스 02)3141-7278
홈페이지 http://www.hyunbooks.co.kr | 인스타그램 hyunbooks
ISBN 979-11-5741-450-5 73910

책임편집 류성희 | 디자인 나모에디트 | 마케팅 송유근 함지숙

글 ⓒ 은동진 2025

이 책은 저작권법에 의하여 보호를 받는 저작물이므로 무단 전재 및 복제를 금지하며,
이 책 내용의 전부 또는 일부를 이용하려면 반드시 저작권자와 현북스의 허락을 받아야 합니다.

⚠ 주의 종이에 베이거나 긁히지 않도록 조심하세요. 책 모서리가 날카로우니 던지거나 떨어뜨리지 마세요.

1919~1945
대한민국 임시정부

글 은동진

현북스

| 머리말 |

"역사는 오래된 이야기가 아니라,
지금 우리 이야기예요."

    1919년 3월 1일, 우리 민족은 큰 목소리로 외쳤습니다.
"대한독립 만세!"
    그날 사람들은 총도, 무기도 없었지만, 자유를 향한 마음 하나로 세상을 울렸습니다. 그리고 그 외침은 새로운 나라를 만드는 첫걸음이 되었지요. 바로 대한민국 임시정부입니다. 대한민국 임시정부는 나라를 빼앗긴 조선 사람들이 "이제는 우리 손으로 나라를 다시 세우자!" 하며 만든 정부였어요.

    이곳에서는 왕이 아니라 국민이 주인인 나라, 즉 '민주공화국'을 꿈꾸었어요. 하지만 그 길은 참 힘들었답니다. 상하이의 좁은 골목에서 시작된 대한민국 임시정부는 일본의 감시를 피해 도시를 여러 번 옮겨야 했고, 돈도 사람도 항상 부족했어요. 그래도 포기하지 않았습니다.

어떤 사람은 펜을 들고 글로 세상에 우리의 뜻을 알렸고, 어떤 사람은 총을 들고 싸웠어요. 또 어떤 사람은 이름도 남기지 못한 채 조용히, 그러나 끝까지 독립을 위해 힘을 보탰습니다.

이 책은 그런 사람들의 발자취를 따라가는 이야기예요. 상하이에서 시작해 충칭으로, 그리고 마침내 조국으로 돌아오기까지 대한민국 임시정부가 걸어온 길을 '천천히' 살펴볼 거예요.

여러분이 책을 읽으며 느꼈으면 해요.
"나라를 사랑한다는 건 어떤 마음일까?"
"내가 살고 있는 이 자유는 어떻게 얻어진 걸까?"

빠르게 넘기기보다, 한 장 한 장 천천히 읽어 주세요. 그 속에서 웃고, 놀라고, 또 마음이 뜨거워지는 순간이 있을 거예요. 그리고 책을 덮을 때, 여러분 마음속에도 100년 전 대한민국 임시정부 사람들의 용기와 꿈이 조용히 피어나길 바랍니다.

| 차례 |

머리말 4

프롤로그 "대한독립 만세!" 그날, 역사가 깨어났다

1919년 3월 1일 그날 • 10

제1부 대한민국 임시정부의 탄생과 독립운동의 시작

⑴ 국내외에 세워진 임시정부들 • 26
⑵ 상하이에서 통합된 대한민국 임시정부 • 30
⑶ 독립운동의 새로운 중심지, 상하이 • 36
⑷ 대한민국 임시정부를 이끈 의회, 임시의정원 • 40
⑸ 대한민국 임시정부의 비밀 네트워크, 교통국과 연통제 • 46
⑹ 독립을 위한 대한민국 임시정부의 외교 정책 • 52
⑺ 무장 독립운동을 향한 첫 발걸음 • 64
⑻ 민족혼을 되살린 교육과 문화 활동 • 80
⑼ 국민의 힘으로 마련된 독립운동 자금 • 84

제2부 위기 속에서 피어난 독립의 불꽃, 대한민국 임시정부의 고난과 재도약

⑴ 흔들리는 대한민국 임시정부와 국민대표회의 • 90
⑵ 독립운동의 새로운 불꽃, 한인애국단 • 98

(3) 독립을 향한 기나긴 여정 • 104
(4) 김구를 노린 일본의 암살 작전 • 108
(5) 한인특별반, 대한민국 임시정부의 원동력이 되다 • 116

 대한민국 임시정부의 최후 결전, 독립을 위한 마지막 발걸음

(1) 충칭에서 다시 일어선 대한민국 임시정부 • 122
(2) 한국광복군 창설과 독립군의 꿈 • 126
(3) 대한민국 임시정부의 선전 포고 • 132
(4) 조선의용대와 한국광복군, 하나로 뭉친 독립군 • 136
(5) 가장 위험한 작전, 전지공작대 • 140
(6) 영국군과 함께 싸운 한국광복군 • 146
(7) 일본의 항복으로 좌절된 국내 진공 작전 • 150

 조국으로 돌아온 대한민국 임시정부

(1) 대한민국 임시정부, 환국을 준비하다 • 158
(2) 경교장에서 열린 마지막 대한민국 임시정부 회의 • 164
(3) 대한민국 임시정부, 대한민국 정부로 이어지다 • 172
(4) 지금도 남아 있는 대한민국 임시정부의 흔적들 • 176

부록 | 연대별로 보는 '대한민국 임시정부'의 역사 • 184

"대한독립 만세!"
그날, 역사가 깨어났다

지금부터 우리는 대한민국 임시정부에 대해 함께 배워 볼 거예요. 그런데 이 이야기를 시작하려면 꼭 먼저 알아야 할 사건이 하나 있습니다.

1919년 3월 1일 그날

1919년 3월 1일, 우리나라 사람들은 거리로 나와 크게 외쳤어요.

"대한독립 만세!"

그날의 함성은 단지 외침이 아니었어요. 나라를 잃고 살던 백성들이 스스로 독립을 선언한 역사적인 순간이었습니다.

이 사건을 우리는 보통 '3·1운동'이라고 부르지만, 이 책에서는 그 뜻을 더 잘 드러내기 위해 '3·1독립만세운동'이라고 부를게요.

고종 황제의 죽음과 3·1독립만세운동

1919년 1월 21일, 대한제국의 마지막 황제였던 고종이 갑자기 세상을 떠났어요. 이 소식은 순식간에 온 나라에 퍼졌고, 많은 사람이 일제가 고종을 독살했다는 소문을 믿게 되었지요. 그동안 쌓였던 슬픔과 분노는 더 이상 참을 수 없을 만큼 커졌습니다.

바로 그때 종교계 인사들과 학생들, 뜻 있는 사람들이 모여서 조용히 움직이기 시작했어요. 그들은 이렇게 생각했지요.

"이제는 말이 아니라 행동으로 보여 줘야 할 때야."

그리고 한 가지 계획을 세우게 됩니다. 대한독립을 선언하고, 전 국민이 함께 외치는 날을 만들자는 거였어요. 사람들이 많이 모이는 고종의 장례식인 3월 3일을 이틀 앞둔, 3월 1일을 '독립을 선언하는 날'로 결정했어요.

민족대표 33인의 결심과 '기미독립선언서'

3·1독립만세운동을 준비한 사람들은 종교 지도자, 지식인, 청년들이었어요. 천도교의 손병희, 기독교의 이승훈, 불교의 한용운 같은 인물들이 함께 힘을 모아 '민족대표 33인'이 되기로 했지요.

이들은 단지 외치기만 하는 게 아니라, 세상에 알릴 수 있는 선언서를 만들었습니다. 그게 바로 '기미독립선언서'이지요.

"우리는 조선이 독립한 나라이며,
조선 사람이 이 나라의 주인임을 선언한다."

이 선언서는 나라를 되찾겠다는 다짐일 뿐만 아니라, 모든 사람이 평등하다는 믿음도 담고 있었어요. 그 안에는 이런 말도 들어 있었지요.

"이 거사는 정의와 인도, 생존과 존엄을 위한 민족적 요구이며, 결코 남을 미워하는 마음이 아니다."

이 말은 우리나라가 독립을 원하는 이유가 단지 일본이 싫어서가 아니라, 사람답게 살기 위한 정당한 외침이라는 것을 뜻했습니다.

이 선언서는 서울의 '보성사'라는 인쇄소에서 몰래 인쇄되었어요. 2만 장이 넘는 선언서가 종교 조직과 학생들의 손을 거쳐 전국 곳곳으로 퍼져 나갔지요. 그들은 조용히 움직였지만, 마음은 누구보다도 뜨거웠습니다.

3월 1일, 서울 탑골공원에 모인 사람들

1919년 3월 1일, 정오. 서울 탑골공원에는 학생, 상인, 시민, 어린이, 할아버지, 할머니까지 수많은 사람이 모였어요.

고종의 장례식 예행연습을 지켜보기 위해 광화문에 모인 사람들 고종의 장례식을 앞둔 3월 1일 '독립을 선언하는 날'을 갖기로 했어요.

"대한독립 만세!" 1919년 3월 1일, 종로 일대에 모인 사람들이 "대한독립 만세!"를 힘차게 외치기 시작했어요.

원래 민족대표들은 탑골공원에서 선언서를 낭독하려 했지만, 혹시 시위가 격해질까 봐 걱정했어요. 그래서 근처의 '태화관'이라는 요릿집에서 조용히 선언서를 낭독하고, 스스로 일제 경찰에 전화를 걸어 체포되었지요.

탑골공원에 남아 있던 시민들과 학생들은 물러서지 않았어요. 누군가 선언서를 큰 소리로 읽었고, 곧이어 사람들이 외치기 시작했습니다.

"대한독립 만세!"
"대한독립 만세!"
"대한독립 만세!"

그 외침은 마치 불길처럼 번져 나갔습니다. 종로 거리, 광화문, 남대문 그리고 평양, 개성, 진주, 원산, 군산까지……, 전국 곳곳에서 동시에 만세 소리가 울려 퍼졌어요.

일제의 탄압, 그러나 꺾이지 않은 목소리

3·1독립만세운동이 일어나자 일제는 두려웠어요. 그래서 헌병, 경찰, 심지어 군대까지 동원해 시위를 막으려 했지요. 몽둥이와 총, 칼로 시위대를 때리고 잡아가고 쏘았습니다.

화성 제암리에서는 사람들을 교회에 가두고 불을 지르는 잔혹한 학살도 일어났어요. 하지만 그 어떤 공포도 사람들의 의지를 꺾을 수는 없었습니다.

3·1독립만세운동은 국경을 넘어서도 계속되었어요. 중국의 만주, 상하이, 러시아 연해주 그리고 미국 필라델피아에서도 우리 동포들이 거리로 나와 "대한독립 만세!"를 외쳤습니다.

미국 필라델피아에서는 '한인 자유 대회'가 열려, 수백 명이 시가를 행진하며 독립선언서를 낭독했어요. 이 외침은 세계 여러 나라 신문에도 소개되었습니다.

미국 필라델피아에서 "대한독립 만세!"를 외치며 행진하는 교포들 3·1독립만세운동은 중국, 러시아, 미국 등, 국경을 넘어서도 계속되었어요

3·1독립만세운동이 일으킨 변화의 물결

우리가 함께 살펴본 3·1독립만세운동, 그날 사람들의 외침은 단지 그날만의 일이 아니었습니다. 그 외침은 바람이 되어 우리 민족의 마음을 흔들었고, 변화를 만들어 내는 커다란 물결이 되었지요.

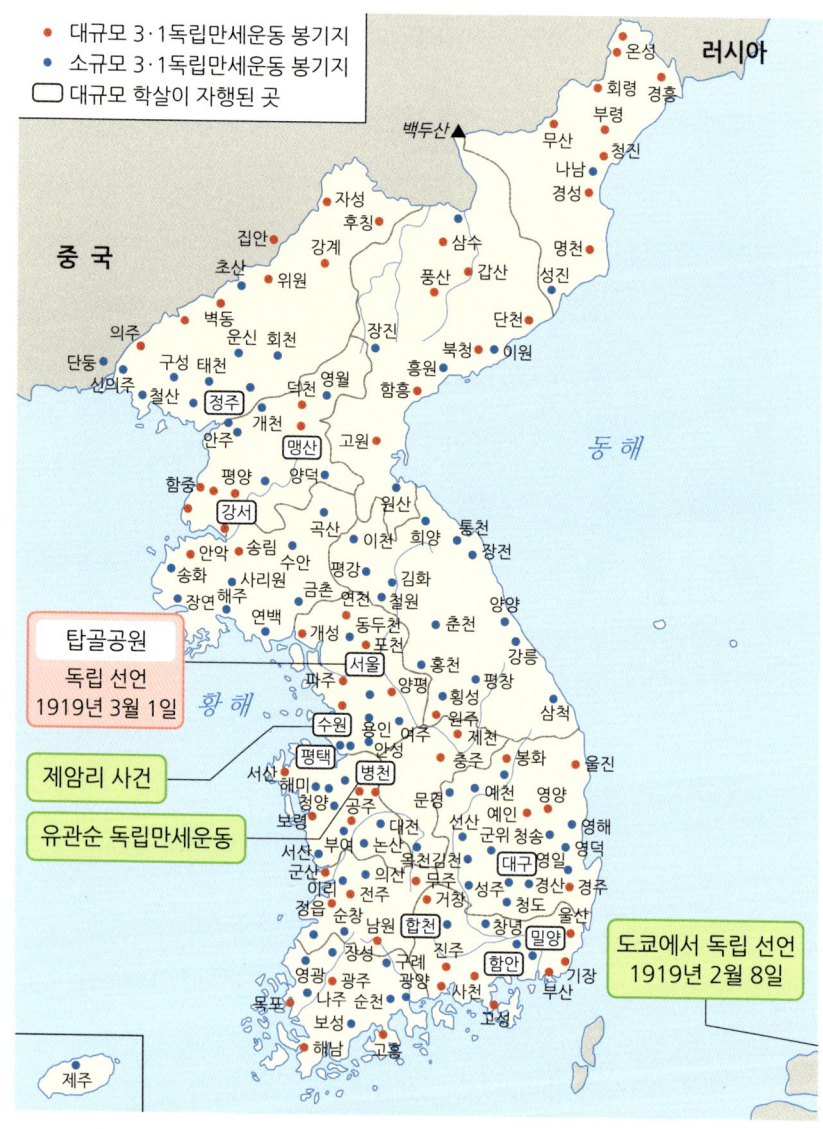

3·1독립만세운동 일어난 지역 3·1독립만세운동은 우리나라 역사에서 가장 크고, 가장 넓게 퍼졌던 독립운동 중 하나였어요.

3·1독립만세운동은 우리나라 역사에서 가장 크고, 가장 넓게 퍼졌던 독립운동 중 하나였어요. 전국 곳곳에서 외쳐진 "대한독립 만세!"는 일제의 식민 지배에 대한 우리 민족의 분명한 저항이었지요. 비록 이 운동 하나만으로 독립을 이루진 못했지만, 이후의 독립운동을 한 단계 더 높여 주는 큰 힘이 되었습니다.

3·1독립만세운동은 조선 사람들이 얼마나 강하게 독립을 바라는지 보여 줬어요. 그걸 본 일본은 "이렇게 무조건 억누르기만 해서는 안 되겠구나" 하고 느꼈지요.

그래서 일본은 '무단통치'를 멈추고 겉으로는 조금 부드러운 듯한 '문화통치'를 내세웠습니다. 하지만 그건 겉모습일 뿐이었어요. 학교, 신문, 집회……, 온갖 곳에서 여전히 자유는 없었고, 독립운동을 막으려는 본질은 달라지지 않았지요.

중국 천안문 광장에서 독립을 외치는 중국 시민들 우리나라의 3·1독립만세운동은 식민 지배로 고통받던 세계 여러 나라 사람들에게 독립의 희망과 용기를 주었어요.

세계에 닿은 그날의 외침

3·1독립만세운동은 우리나라 안에서만 멈추지 않고, 전 세계 식민지 민족에게 희망과 용기를 주었습니다. 당시 세계에는 식민지로 고통받던 나라들이 많았어요. 그런데 3·1독립만세운동을 본 다른 나라 사람들도 "우리도 스스로 독립할 수 있어!"라는 생각을 갖게 되었습니다.

같은 해 5월, 중국에서는 '5·4운동'이 일어났고, 인도에서는 간디가 이끄는 비폭력 독립운동이 더 커졌어요. 베트남에서도 식민 지배에 맞선 움직임이 시작되었지요. 이걸 역사에서는 '식민지 반제국주의 운동'이라고 불러요. 우리처럼 강대국의 식민 지배를 받던 나라들이 스스로 일어나 자유와 평등을 외치기 시작한 거예요.

3·1독립만세운동, 대한민국 임시정부로 이어지다

우리가 함께 살펴본 3·1독립만세운동, 그날의 외침은 거기서 끝나지 않았어요. 사람들은 그 외침을 지나 다음 행동으로 나아가야 한다고 생각했지요.

"이제는 흩어지지 말고, 한데 모여서 함께 싸워야 해!"

그렇게 해서 대한민국 임시정부가 태어나게 되었습니다. 1919년 3월 1일, 조선의 거리에서 "대한독립 만세!"를 외친 사람들은 그다음 달인 4월 11일, 중국 상하이라는 도시에서 나라를 다스릴 대한민국 임시정부를 만들었어요. 이건 우리 역사에서 처음으로 '민주공화제'를 바탕으로 한 정부였어요. 왕이 아니라, 국민이 나라의 주인인 정부였습니다.

대한민국 임시정부는 이름 그대로 '임시로 세운 정부'였지만, 진짜 나라처럼 체계를 갖춘 조직이었어요. 국민이 뽑은 대표들이 모여 법과 계획을 세웠고, 군대를 만들고, 전 세계에 우리의 독립 의지를 알리기 위해 외교 활동을 시작했지요.

"뿔뿔이 흩어졌던 마음이, 하나의 정부 아래 모였습니다."

이게 대한민국 임시정부의 중심 생각이었어요.

사실 3·1독립만세운동 전까지만 해도, 독립운동은 곳곳에서 따로따로 이루어졌어요. 누구는 무기를 들고 싸우고,

누구는 글을 써서 알리고, 누구는 밖에서 외교 활동을 했지요. 그런데 대한민국 임시정부가 생기면서, 이 모든 독립운동이 하나의 목표 아래 모일 수 있었어요.

"모두가 함께 힘을 합치자."

이것이 3·1독립만세운동이 만들어 낸 가장 큰 변화 중 하나였습니다.

자, 이제 우리나라가 독립을 향해 어떻게 한 걸음씩 나아갔는지 그 여정을 함께 따라가 볼까요? 상하이의 골목에서 시작된 작은 정부가 어떻게 세계를 향해 나아갔는지, 그리고 어떻게 끝까지 일본에 저항했는지 말이에요.

1부

대한민국 임시정부의 탄생과 독립운동의 시작

  3·1독립만세운동을 통해 우리 민족은 하나의 목소리로 독립을 외치기 시작했습니다.
  이 장에서는 대한민국 임시정부의 탄생 과정과 임시정부가 어떻게 독립운동을 이끌며 새로운 물결을 일으켰는지 알아보겠습니다.

(1) 국내외에서 세워진 임시정부들

"지금 우리에겐 나라를 대신 이끌어 줄 정부가 필요합니다."

3·1독립만세운동이 전국으로 번져 나가던 1919년 봄, 처음으로 온 나라가 하나 되어 "대한독립 만세!"를 외쳤어요. 하지만 아무리 만세를 외쳐도, 그 목소리를 하나로 모아 줄 정부는 없었어요. 누군가는 그랬어요.

"독립운동도 이제는 조직이 필요하다. 우리 스스로 정부를 만들어야 한다."

그렇게 사람들은 해외와 국내 곳곳에서 임시정부를 세우기 시작했어요. 러시아 연해주의 '대한국민의회', 서울의 '한성정부', 그리고 가장 널리 활동을 펼친 중국 상하이의 '대한민국 임시정부'까지 여러 임시정부가 독립운동의 중심이 되기 위해 힘을 내고 있었답니다.

독립을 꿈꾼 세 개의 임시정부

가장 먼저 세워진 임시정부는 러시아 연해주 지역에 있던 '대한국민의회'였어요. 1919년 3월, 연해주와 북간도에 살고 있던 수많은 한국 사람이 함께 모여 만들었어요. 이 정부는 우리 민족의 독립을 위해 다양한 활동을 계획하고, 독립선언문을 발표했어요.

중국 상하이에서도 독립을 위한 움직임이 활발하게 일어났어요. 3·1독립만세운동 이후 상하이의 독립운동가들은 독립을 위해 정부가 필요하다고 느꼈어요. 이들은 1919년 4월, 상하이에서 '임시의정원'을 창설하고 '대한민국 임시정부'를 세웠어요. 이 정부는 해외에서 독립운동을 이끌며 전 세계에 우리나라의 독립 의지를 알리는 중요한 역할을 했답니다.

서울(경성)에서는 3·1독립만세운동 이후 독립을 위한 '한

1920년대 중국 상하이 모습 1919년 4월, 상하이의 독립운동가들은 독립을 위해 정부가 필요하다고 생각하고 상하이에 대한민국 임시정부를 세웠어요.

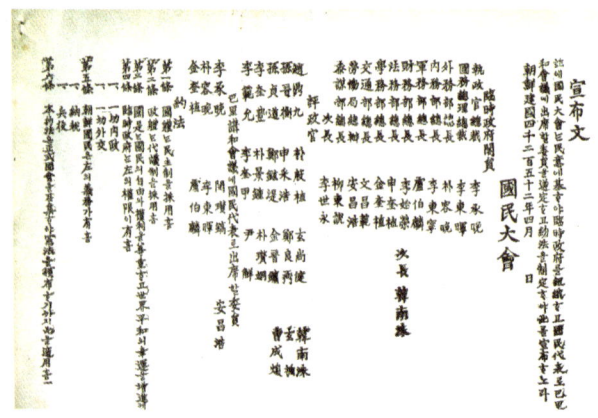

한성정부의 국민대회 선포문 3·1독립만세운동 이후 서울에 전국의 대표들이 모여 '한성정부'를 세웠어요.

성정부'가 세워졌어요. 이 정부는 전국의 대표들이 모여 만든 것으로, 3·1독립만세운동의 정신을 그대로 이어받았답니다. 비록 일제의 탄압으로 큰 활동은 못 했지만, 우리 민족에게 독립의 열망을 전하는 중요한 역할을 했어요.

 이렇게 국내외에서 세워진 여러 임시정부들은 독립을 향한 힘을 모아, 상하이에서 단 하나의 '대한민국 임시정부'로 통합됩니다.

(2) 상하이에서 통합된 대한민국 임시정부

"이제는 흩어지지 말고, 하나로 모여야 할 때입니다."

3·1독립만세운동 이후, 전국 곳곳에서 독립운동의 불꽃이 타올랐어요. 하지만 일제의 감시가 너무 심해 서로 연락을 주고받는 것도 힘들었고, 독립운동가들은 멀리 떨어진 곳에서 따로따로 임시정부를 세우게 되었어요. 러시아 연해주, 서울, 중국 상하이……. 이렇게 흩어진 임시정부들은 각자 노력하고 있었지만, 우리 민족의 힘을 하나로 모으는 데 한계가 있었어요.

"이제는 하나가 되어야 한다."

그 목소리가 점점 커지자, 독립운동가들은 상하이로 모여 임시정부를 하나로 통합하기로 결심합니다.

이제부터 우리는 대한민국 임시정부가 어떻게 세워졌고, 어떤 원칙을 세웠는지 살펴보게 될 거예요.

통합 임시정부를 향한 노력

독립운동가들은 각지의 임시정부를 하나로 통합하기 위한 노력을 시작합니다. 러시아 연해주의 대한국민의회는 상하이 대한민국 임시정부에 사람을 보내 두 정부를 합치자는 의견을 전했어요. 통합 과정에서 임시정부의 위치로 외교 활동에 유리한 상하이와 무장 투쟁에 유리한 연해주를 두고 의견 대립이 있었어요. 이러한 상황에서 독립운동가 안창호가 중요한 역할을 했어요.

안창호는 통합된 대한민국 임시정부의 위치를 일본의 힘이 상대적으로 적고, 외교 활동에 유리한 상하이에 두자고 제안했어요. 대한국민의회는 이 제안에 동의하고 해산을 선언했으며, 상하이 대한민국 임시정부와 통합하게 되었습니다. 또한 두 정부는 한성정부를 계승하는 방식으로 통합하기로 했어요. 이는 한성정부가 국민대회를 통해 수립된 정부로서 정통성을 지니고 있었기 때문이에요.

각지에 세워진 임시정부의 통합 대한민국 임시의정원, 대한국민의회, 한성정부 등 각지에 세워진 임시정부들을 하나로 통합하여 상하이에 '대한민국 임시정부'가 세워졌어요.

이렇게 험난한 과정을 거쳐 상하이에서 통합된 '대한민국 임시정부'가 탄생하게 됩니다.

황제의 나라에서 국민의 나라로

통합된 대한민국 임시정부는 대통령 중심제로 운영되었어요. 이승만이 초대 대통령으로 선출되었습니다. 이승만은 한성정부에서는 '집정관 총재', 상하이 임시정부에서는 '국무총리'로 임명되었을 만큼 중요한 인물이었죠. 그래서 여러 임시정부가 통합될 때, 이승만이 대통령으로 뽑히게 되었어요.

대통령 중심제는 대한민국 임시정부를 보다 강력하고 효율적으로 운영하기 위한 선택이었어요. 하지만 단순히 대통령 혼자 모든 권한을 가진 것은 아니었답니다. '임시의정원'이라는 의회가 있었기 때문에, 대통령의 결정은 의회에서 논의되고 승인받아야 했어요.

상하이에 세워진 대한민국 임시정부의 첫 청사 대한민국 임시정부는 헌법에 따라 국민이 주권을 가지는 민주공화제를 선택했어요.

이렇게 대한민국 임시정부는 민주적인 방식으로 운영되었고, 국민의 뜻을 반영하며 독립을 위해 힘썼답니다.

통합된 대한민국 임시정부는 우리 민족에게 매우 큰 의미가 있습니다. 이 정부는 우리나라가 더 이상 황제의 나라가 아니라, 국민이 주인이 되는 민주공화국으로 나아가야 한다는 것을 보여 줬어요. 우리 민족은 오랜 세월 군주제를 이어 왔지만, 이제 헌법에 따라 국민이 주권을 가진 나라를 세우기 위해 '민주공화제'를 선택한 것입니다.

이렇게 탄생한 대한민국 임시정부는 우리 민족의 독립을 위해 끝까지 싸우며, 독립운동의 중심이 됩니다.

(3) 독립운동의 새로운 중심지, 상하이

"여기서부터 다시 시작합시다. 조선이 아닌, 상하이에서라도."

1919년, 나라를 되찾기 위한 함성이 조선을 뒤덮은 뒤, 많은 독립운동가들은 더 이상 조선 땅에서는 활동을 계속하기 어렵다는 걸 깨달았어요. 일제의 감시와 탄압이 심해지자 안전하게 활동을 이어 갈 수 있는 새로운 장소를 찾게 되었지요.

그때 사람들이 주목한 곳이 바로 중국 상하이였죠. 여기에는 이미 많은 한인들이 살고 있었고, 외국 조계지라 일본 경찰의 손이 쉽게 닿지 않기 때문이에요. 그리하여 상하이는 단순한 망명의 땅이 아니라, 대한민국 임시정부가 세워지고 독립운동이 조직적으로 펼쳐진 중심 무대가 되었답니다.

이제부터는 왜 상하이가 독립운동의 거점이 되었는지, 그곳에서 어떤 활동이 이루어졌는지 하나씩 살펴보게 될 거예요.

독립운동의 안전지대, 프랑스 조계지

당시 독립운동가들은 일제의 감시와 탄압을 피하며 독립운동을 펼칠 수 있는 안전한 장소가 필요했어요.

상하이는 19세기 중반 이후 영국, 프랑스, 미국 등 여러 나라에 의해 나누어진 조계지였어요. '조계지'는 외국 사람들이 자유롭게 생활하고 활동할 수 있도록 특별히 만든 구역을 말해요. 이곳에서는 해당 국가의 법이 적용되고, 중국 정부의 영향력이 미치지 못했기 때문에 외국인들이 안전하게 머무를 수 있었답니다.

상하이에 있던 프랑스 조계지는 독립운동가들에게 매우 중요한 장소였어요. 프랑스 조계지는 일본의 영향력이 적었고, 일본 경찰이 쉽게 활동하지 못했기 때문에 독립운동가들이 상대적으로 안전하게 머물 수 있었답니다.

프랑스 당국은 때때로 독립운동가들에게 일본 경찰의 움직임을 알려주거나, 피신할 기회를 제공하기도 했어요.

100여 년이 흐른 현재의 상하이 대한민국 임시정부 청사 모습 대한민국 임시정부는 일본의 영향력이 적고 일본 경찰이 활동하기 힘든 프랑스 조계지에 세워졌어요.

이런 이유로 상하이의 프랑스 조계지는 독립운동의 중요한 거점이 되었어요.

한편, 상하이는 한국뿐만 아니라 베트남, 인도 등 여러 아시아 식민지 국가들의 독립운동가들이 모여 활동하는 국제적인 혁명의 중심지가 되기도 합니다.

독립을 위한 외교 활동을 시작하다

독립운동가들은 단순히 무력으로만 독립을 이루려고 하지 않았어요. 그들은 외교적으로 독립을 이루려는 '외교 독립론'도 생각했답니다. 특히 미국과 영국 같은 강대국들의 도움을 받아 독립을 이루는 것이 목표였어요.

상하이는 외교 활동을 펼치기에 좋은 환경을 갖추고 있었죠. 여러 나라의 외교 공관이 모여 있었고, 이를 통해 강대국들에게 한국의 상황을 알리고, 도움을 청할 수 있었기 때문이에요.

이처럼 상하이는 다양한 이유로 한국 독립운동의 중심지가 되었고, 이곳에서 활발한 독립운동이 이루어졌답니다.

(4) 대한민국 임시정부를 이끈 의회, 임시의정원

"나라를 세우려면, 법과 제도를 만드는 의회가 먼저 필요합니다."

대한민국 임시정부가 세워졌다고 해서 바로 나라처럼 운영되는 건 아니었어요. 어떤 법을 만들고, 어떤 방향으로 독립운동을 이끌 것인지 결정해 줄 의회가 필요했지요. 그렇게 해서 만들어진 것이 '임시의정원'이에요. 전국과 해외의 여러 지역에서 뽑힌 대표들이 이곳에 모여 대한민국 임시정부의 법을 만들고, 예산을 정하고, 정부의 방향을 결정하는 중요한 일을 맡았어요.

임시의정원은 대한민국 임시정부의 '입'이자 '두뇌'였고, 민주주의 원칙에 따라 대표자들이 함께 나라의 일을 논의하는 공간입니다.

이제부터 우리는 대한민국 임시의정원이 어떤 일을 했고, 어떤 인물들이 이끌었는지 함께 알아보게 될 거예요.

대한민국 임시의정원의 첫걸음

1919년 4월 10일, 상하이 프랑스 조계지에 위치한 김신부로 60번지에서 대한민국 임시의정원의 첫 회의가 열렸어요. 이 회의에는 전국 각지에서 모인 29명의 독립운동 대표들이 참석했답니다. 12시간에 걸친 열띤 논의 끝에 대한민국 임시정부가 앞으로 나아갈 방향이 결정되었어요.

첫 회의에서 가장 중요한 논의 중 하나는 국호와 연호를 정하는 것이었어요. 당시 국호로는 '조선공화국', '고려공화국' 등이 후보로 올랐지만, '대한'이라는 이름을 되찾자는 의견이 많이 나왔어요. 이에 따라 국호는 '대한민국'으로 정해졌어요.
'대한민국'은 더 이상 제국이 아닌 민주공화제로 나아가겠다는 의지를 담은 것이기도 합니다.

대한민국 임시의정원은 대한민국 최초의 헌법인 '임시헌

장'도 제정했어요. 이 헌장은 독립운동의 목표와 임시정부의 운영 원칙을 담고 있어요. 그중 가장 중요한 내용은 대한민국이 민주공화제 국가라는 사실이었어요.

이는 모든 국민이 평등하고, 법 앞에서 차별받지 않는 사회를 만들겠다는 약속이었답니다. 비록 10개 조항으로 간단하게 구성되었지만, 남녀평등, 종교와 언론의 자유, 교육과 병역의 의무 같은 중요한 내용들이 포함되었어요.

대한민국 임시헌장

제1조 대한민국은 민주공화제로 한다.

제2조 대한민국은 임시정부가 임시의정원의 결의에 의하야 이를 통치한다.

제3조 대한민국의 인민은 남녀 귀천 및 빈부의 계급이 무하고 일체 평등하다.

제4조 대한민국의 인민은 종교, 언론, 저작, 출판, 결사, 집회, 통신, 주소 이전, 신체 및 소유의 자유를 향유한다.

제5조 대한민국의 인민으로 공민 자격이 있는 자는 선거권

제6회 대한민국 임시의정원 지금의 국회와 같은 대한민국 임시의정원은 독립운동의 목표와 임시정부의 운영 원칙을 담고 있는 대한민국 최초의 헌법인 '임시헌장'을 제정했어요.

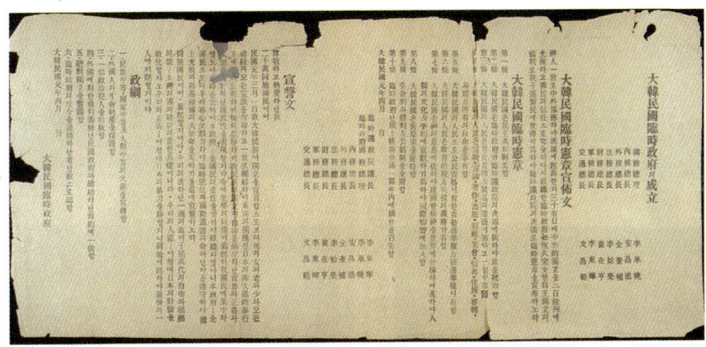

대한민국 최초의 헌법 '대한민국 임시헌장' 비록 10개 조항으로 간단하게 구성되었지만, 대한민국이 민주공화제 국가라는 사실과 남녀평등, 종교와 언론의 자유, 교육과 병역의 의무 같은 중요한 내용들이 포함되었어요.

및 피선거권을 가진다.

제6조 대한민국의 인민은 교육, 납세 및 병역의 의무를 가진다.

제7조 대한민국은 신의 의사에 의하여 건국한 정신을 세계에 발휘하며 진하야 인류의 문화 및 평화에 공헌하기 위하야 국제연맹에 가입한다.

제8조 대한민국은 구 황실을 우대한다.

제9조 생명형, 신체형 및 공창제를 전폐한다.

제10조 임시정부는 국토 회복 후 만 1개년 내에 국회를 소집한다.

대한민국 임시정부를 이끈 대한민국 임시의정원

대한민국 임시의정원은 단순한 입법 기관이 아니라, 임시정부의 운영 방향을 결정하는 핵심 기관이었어요. 의정원 의원들은 3·1독립만세운동을 주도한 인물들, 만주와 연해주에서 활동한 독립운동가들, 그리고 해외에서 외교 활동을 펼친 인사들로 구성되었답니다.

 대한민국 임시의정원은 임시정부의 법과 운영 원칙을 논의했을 뿐만 아니라, 독립군 양성, 외교 활동 등 독립운동의 구체적인 방향을 설정하는 역할도 맡았어요. 또한 임시헌장을 바탕으로 임시 헌법을 제정하고, 정부와 대통령이 상호 견제하며 민주적으로 운영될 수 있도록 했답니다.

 대한민국 임시의정원은 1945년 8월 15일, 일본이 항복한 후 대한민국 임시정부가 귀국할 때까지 활동을 계속했어요. 이후 1946년 2월 6일에 해산되었지만, 대한민국 국회의 기원으로서 중요한 역사적 의미를 남겼답니다. 임시의정원의 활동을 통해 대한민국은 민주주의의 기틀을 다졌고, 그 정신은 오늘날까지 이어지고 있어요.

(5) 대한민국 임시정부의 비밀 네트워크, 교통국과 연통제

"소식이 끊기면, 싸움도 끝납니다."

대한민국 임시정부가 아무리 멀리 떨어진 상하이에 있어도, 독립운동은 조선 땅 안에서도 계속되어야 했어요. 그렇다면 해외와 조선을 연결하는 비밀 통로는 어떻게 만들 수 있었을까요?

"독립운동을 이어 가기 위해 반드시 '연락망'이 필요합니다."

일제의 감시는 매우 심했고, 편지 한 장, 사람 한 명, 돈 한 푼을 전하는 일조차 목숨을 걸어야 했어요. 그리하여 생겨난 것이 바로 '교통국'과 '연통제'라는 비밀 네트워크 조직이었지요. 이 조직들은 마치 그림자처럼 움직이며 정보를 전하고, 자금을 모으고, 독립운동가들을 연결하는 일을 맡았어요.

이제부터는 이 비밀 조직이 어떤 방식으로 움직였고, 왜 중요한 역할을 했는지 함께 살펴보게 될 거예요.

비밀 연락망, 교통국

대한민국 임시정부는 비밀 연락망으로 '교통국'을 만들었어요. 교통국은 국내와 만주 지역의 독립운동 단체들과 상하이를 연결하는 중요한 역할을 담당했어요. 특히 단순한 정보 전달만이 아니라, 임시정부의 명령 전달, 독립운동가들의 소개, 무기와 자금 운반 등 다양한 활동을 맡으면서 임시정부의 '혈관'으로 불리기도 했답니다.

대한민국 임시정부는 교통국 덕분에 국내외에서 독립운동을 활발하게 전개할 수 있었어요. 특히 안동 교통국이 가장 활발한 활동을 했답니다. 안동 교통국은 지리적으로 압록강을 사이에 두고 북한 신의주와 인접한 곳에 위치하여, 만주와 국내를 연결하는 교통 거점이었어요.

안동 교통국은 만주의 무역회사 이륭양행에 기반을 두고 활동했어요. 이륭양행은 아일랜드 출신의 조지 루이스

대한민국 임시정부의 안동 교통국이 있었던 이륭양행 건물 안동 교통국은 지리적으로 압록강을 사이에 두고 북한 신의주와 인접한 곳에 위치하여, 만주와 국내를 연결하는 교통 거점이었어요.

쇼가 운영하던 회사로, 교통국이 안정적으로 활동할 수 있도록 큰 도움을 주었어요. 이륭양행 건물은 안동 교통국의 사무소로 사용되었고, 임시정부의 중요한 지령이나 독립운동을 위한 물자와 정보를 안전하게 전달하는 역할을 했답니다.

 안동 교통국은 상하이와 국내의 연결고리 역할을 확실

하게 수행했고, 독립운동가들의 안전한 활동을 지원하는 든든한 버팀목이 되었답니다.

일본은 교통국 주요 인물들을 체포하고 조직을 와해시키기 위해 지속적인 탄압을 가했죠. 안동 교통국은 1920년대 초부터 탄압을 받기 시작하죠. 결국 1922년, 이륭양행의 지원 중단과 함께 안동 교통국 활동이 사실상 중단됩니다.

대한민국 임시정부는 교통국이 와해되면서 독립운동에 큰 타격을 입게 됩니다.

비밀 행정망, 연통제

대한민국 임시정부는 교통국과 함께 또 다른 비밀 조직 '연통제'를 만들었어요. 연통제는 국내 각지에 설치된 비밀 행정 조직으로, 군자금 모집과 정보 보고, 정부 명령의 전달 등을 담당했어요.

연통제에서 활동한 유기준 1919년 평안남도 특파원 유기준이 체포되면서 연통제 조직이 발각되었고, 이후 연통제는 점차 와해되기 시작했어요.

연통제는 대한민국 임시정부와 국내 독립운동 세력을 연결하는 중요한 역할을 했어요. 특히 한반도 북부 지역인 평안도, 함경도, 황해도 등에서 잘 운영되었답니다. 이 지역이 임시정부와의 교통과 통신이 원활했기 때문이에요.

연통제는 대한민국 임시정부의 명령을 국내로 전달하는 역할을 했으며, 군자금과 같은 중요한 자원을 확보하는 데에도 큰 역할을 했어요. 대한민국 임시정부가 국내외에서 독립운동을 효과적으로 추진할 수 있었던 것은 연통제와 같은 비밀 조직 덕분이었죠. 연통제는 국내 독립운동가들이 조직적으로 움직일 수 있도록 도와주었고, 일본의 감시를 피해 임시정부와 소통하는 역할을 했답니다.

하지만 연통제도 일본의 감시망을 피할 수는 없었어요. 일본은 연통제 조직을 끊임없이 추적하고, 그 조직을 와해시키기 위해 노력했죠. 1919년 평안남도 특파원 유기준이 체포되면서 연통제 조직이 발각되었고, 이후 여러 지역에서 연통제의 비밀이 밝혀졌습니다. 결국 1920년대 초반에 연통제는 점차 와해되기 시작했어요.

하지만 연통제는 일본의 탄압 속에서도 독립운동을 위한 중요한 통로 역할을 했고, 대한민국 임시정부와 국내 민중을 잇는 중요한 조직이었답니다.

(6) 독립을 위한 대한민국 임시정부의 외교 정책

"우리가 직접 싸울 수 없다면, 세계에 우리 뜻을 알려야 합니다."

3·1독립만세운동 이후 독립운동가들은 고민에 빠졌어요. 앞으로 우리는 어떻게, 어떤 방법으로 독립을 이룰 수 있을까? 누군가는 무장을 준비하자고 했고, 누군가는 세계열강에 우리 독립의 뜻을 알려 외교적으로 해법을 찾자고 했어요. 그리하여 독립운동의 방향은 '군사'와 '외교'라는 두 갈래로 나뉘게 됩니다.

물론 만주 등지에서는 독립군이 무장을 갖추며 싸움을 준비하고 있었어요. 하지만 대한민국 임시정부는 전 세계에 우리의 독립 의지를 알리고 국제사회의 도움을 얻어 독립을 이루려는 길을 먼저 걷기로 합니다.

이제부터 우리는 대한민국 임시정부가 펼친 외교 활동이 어떤 의미인지, 어떤 노력을 했는지 함께 살펴보게 될 거예요.

독립을 위한 외교 정책

3·1독립만세운동이 끝난 뒤, 우리 독립운동가들은 깊은 고민에 빠졌습니다.

"이제 어떻게 독립을 이룰 수 있을까?"

생각 끝에 두 가지 방법을 떠올렸습니다.

첫째는, 외교를 통해 세계 여러 나라의 도움을 받는 방법, 즉 국제사회에 우리 민족의 독립 의지를 알리고, 강대국들의 지지를 얻어 평화적으로 독립을 이루자는 생각입니다.

둘째는, 군사력을 키워 일본과 싸우는 방법, 말 그대로 무장 독립운동입니다.

그럼 대한민국 임시정부는 어떤 길을 먼저 선택했을까요? 당시 일본의 군사력이 너무 강했고, 무턱대고 싸웠다간 동포들의 희생이 클 수 있었습니다. 그래서 대한민국 임시정부는 먼저 외교를 중심으로 한 독립운동에 힘을 쏟습니다.

"세계에 외치자. 우리는 스스로 나라를 세울 수 있는 민족이다."

이 판단은 당시 국제 정세를 고려한 현실적인 선택이었습니다.

하지만 그렇다고 해서 군사 활동을 하지 않은 건 아닙니다. 대한민국 임시정부와 가까웠던 만주 지역에서는 이미 독립군들이 조직되고 있었고, 임시정부도 이들과 손잡고 군사 훈련을 준비했습니다. 후에는 직접 육군무관학교도 세워 군사 지도자들을 키웠고, 봉오동전투와 청산리대첩의 승리에도 적지 않은 기여를 합니다.
하지만 대한민국 임시정부가 가장 먼저 집중한 것은 외교를 통한 독립운동이었습니다.

외교 활동의 중심지, 중국과 미국

대한민국 임시정부는 외교 활동에서 가장 중요한 파트너로 중국을 꼽았습니다. 특히 대한민국 임시정부가 상하이에 있었기 때문에 중국 정부의 공식적인 승인이 매우 중요했죠. 당시 중국은 남북으로 나뉘어 있었기 때문에, 대한민국 임시정부는 남쪽 광저우에서 쑨원이 이끄는 호법 정부와 북쪽의 베이징 정부 모두와 외교 관계를 맺으려 했습니다. 그 결과 1921년, 대한민국 임시정부의 외교관 신규식이 쑨원을 만나 중국의 공식적인 승인을 받게 됩니다.

1930년대에 대한민국 임시정부의 한인애국단이 의열 투쟁을 본격적으로 전개하면서, 중국과 협력 관계가 더욱 강화됩니다. 중국은 대한민국 임시정부를 지지하며, 독립운동에 필요한 지원을 아끼지 않았습니다.

한편 대한민국 임시정부는 미국을 외교 활동의 중심지

구미위원부 집정관 총재 이승만(왼쪽)과 위원장 김규식(오른쪽) 대한민국 임시정부는 미국을 외교 활동의 중심지로 삼고, 워싱턴에 구미위원부를 설치했어요.

워싱턴에 자리 잡은 구미위원부 공관 구미위원부는 미국 정부로부터 대한민국 임시정부의 승인을 받기 위한 외교 활동을 전개했어요.

로 삼았으며, 대미 외교에 많은 노력을 기울였습니다. 대한민국 임시정부는 워싱턴에 '구미위원부'를 설치하고, 미국 정부로부터 대한민국 임시정부의 승인을 받기 위한 외교 활동을 전개했습니다. 하지만 미국은 일본을 지지하고 있었기 때문에 한국의 독립 문제에 대해 공식적으로 지원하기를 꺼려했습니다.

대한민국 임시정부는 미국 정부를 설득하는 데 어려움을 겪자, 민간 차원에서 외교 활동을 강화했습니다. 이승만과 서재필 등은 미국의 정계와 종교계, 교육계를 대상으로 한국의 독립 문제를 알리고 지원을 호소했습니다. 그 결과 미국 상·하원에서 한국 독립 문제가 논의되기도 했습니다. 비록 큰 성과를 얻지 못했지만, 미국 내에서 한국 독립에 대한 동정과 지지를 이끌어 내는 데 성공했습니다.

유럽에서 펼쳐진 외교 노력

대한민국 임시정부는 유럽에서도 활발한 외교 활동을 펼쳤습니다. 특히 제1차 세계대전 종전 후 열린 파리강화회의는 국제사회에 한국의 독립을 호소할 중요한 기회였어요.

대한민국 임시정부는 1919년 1월 18일부터 6월까지 프랑스 파리에서 열린 파리강화회의에 김규식을 대표로 파견해 한국의 독립 문제를 제기했습니다. 김규식은 1919년 2월, 상하이의 독립운동가들에 의해 대표로 파견되었지만, 대한민국 임시정부가 세워지면서 임시정부 대표가 된 것이에요. 또한 대한민국 임시정부는 파리에서 외교 담당 기관인 '파리위원부'를 설치하고, 여러 국제회의에 참가해 한국의 독립 의지를 알렸습니다. 그러나 일본이 제1차 세계대전의 전승국으로서 유리한 위치에 있었기 때문에 실질적인 성과를 얻기는 어려웠죠.

파리강화회의의 대한민국 임시정부 대표단 1919년, 대한민국 임시정부는 파리강화회의에 김규식(앞줄 오른쪽 끝)을 대표로 파견해 한국의 독립 문제를 호소했어요.

대한민국 임시정부는 파리강화회의 이후에도 유럽 각국에서 열리는 여러 회의에 참여하며 한국의 상황을 알리고, 동정 여론을 형성했습니다. 하지만 제국주의 열강들은 자신들의 이권을 우선시해 한국 문제는 크게 주목받지 못했습니다.

이 무렵 프랑스에는 조선인 청년들이 노동자로 파견되어 있었어요. 이들은 주로 제1차 세계대전 기간 중 '중국인 노동자단'으로 위장하여 프랑스의 철도, 공장 등에서 군수업무를 맡으며 힘든 노동에 시달렸습니다. 이들은 기록상 대부분 중국인으로 분류되었지만, 실제로는 조선인도 포함되어 있었고, 그 일부는 훗날 독립운동과 연결되는 인물로 성장하기도 했습니다.

이런 환경 속에서 대한민국 임시정부는 프랑스 파리에 외교 특파원으로 서영해를 파견해 조선의 독립을 세계에

서영해가 백범 김구에게 보낸 편지 대한민국 임시정부는 프랑스 파리에 외교 특파원으로 프랑스어에 능통한 서영해를 파견했어요. (사진·국가유산청)

서영해(오른쪽)와 이승만(왼쪽) 서영해는 대한민국 임시정부의 존재를 세계에 알리는 데 중요한 역할을 했어요. (사진·부산광역시 시립박물관)

알리는 외교 활동을 이어 갔습니다.

서영해는 프랑스어에 능통한 독립운동가로, 프랑스 언론에 조선의 현실을 알리는 글을 기고하고, 정치인과 외교관들에게 편지를 보내며 조선이 독립할 권리가 있음을 강조했습니다.

서영해는 '대한민국 임시정부 외교부 파리 주재 특파원'으로 임명되어, 현지에서 '조선통신사무소'를 운영하며 활동했습니다.

서영해는 총 대신 펜으로 싸우는 외교 전선의 최일선에서 활동하였고, 비록 유럽 열강의 관심을 끌기에는 한계가 있었지만, 그의 노력은 대한민국 임시정부의 존재와 우리 민족의 독립 의지를 세계에 알리는 데 중요한 역할을 했습니다.

소련에서 펼쳐진 외교 노력

한편 대한민국 임시정부는 소련과의 외교도 중시했습니

다. 1919년부터 1921년까지, 대한민국 임시정부는 이동휘 국무총리를 중심으로 소련과 한-소조약을 체결해 군사 지원을 약속받았습니다. 하지만 일부 자금이 공산주의 단체에 사용되면서 내부 갈등이 발생했고, 결국 이동휘가 사임하면서 소련과의 외교 활동은 중단되었죠. 그러나 이 시기의 대소련 외교는 외교적으로 지원받을 수 있었던 중요한 사례로 남게 됩니다.

대한민국 임시정부는 여러 나라를 대상으로 외교 활동을 펼쳤지만, 국제적인 정치 상황과 열강들의 이해관계로 인해 큰 성과를 거두지는 못했습니다. 그럼에도 불구하고 임시정부는 독립을 위한 외교 활동을 지속하면서, 국제사회에 한국의 독립 의지를 끊임없이 알렸습니다.

대한민국 임시정부의 외교 활동은 독립운동의 중요한 한 축을 담당하며, 독립의 염원을 세계에 전파하는 데 기여했습니다.

(7) 무장 독립운동을 향한 첫 발걸음

"말로만 외칠 수는 없습니다. 조국을 되찾기 위해 이제는 싸워야 합니다."

3·1독립만세운동 이후, 대한민국 임시정부는 독립을 위한 외교 활동에 가장 많은 힘을 쏟았어요. 하지만 세계 강대국들은 조선의 목소리에 쉽게 귀를 기울이지 않았어요.

"우리 스스로 나서지 않으면, 아무도 우리를 도와주지 않을 것이다."

그때부터 대한민국 임시정부는 총을 들고 나라를 되찾기 위한 '무장 독립운동'에 본격적으로 눈을 돌리게 됩니다. 총과 깃발, 그리고 깨어 있는 마음을 들고 땅에서는 독립군과 함께 싸우고, 하늘에서는 비행기를 타고 자유를 꿈꾸는 새로운 독립운동의 시대가 열리게 된 것이죠.

대한민국 임시정부의 무장 독립 투쟁 계획

대한민국 임시정부는 1920년대에 들어서면서 독립 전쟁을 위한 군사 제도를 헌법으로 정립하며 무장 투쟁을 준비했습니다. 1920년에는 새해 연설에서 독립 전쟁의 중요성을 강조하고, 군사 문제를 최우선 과제로 삼았습니다. 상하이에 육군무관학교를 설립해 초급 장교들을 배출하는 등 군사 훈련을 진행했으며, 무장 독립 투쟁을 위한 기반을 다졌습니다.

3·1독립만세운동 이후 만주 지역에서는 수많은 독립군 단체들이 활발히 활동하고 있었습니다. 그중에서 대한국민회, 북로군정서, 서로군정서 등은 대한민국 임시정부와 긴밀히 협력하며 독립 투쟁을 전개했으며, 대부분의 독립군 단체들은 대한민국 임시정부의 설립을 지지했습니다. 이를 통해 대한민국 임시정부는 독립군을 공식적으로 조직하지 않았음에도, 만주 독립군 부대에게 일정한 영향력을 행사할 수 있었습니다.

만주에서 울려 퍼진 독립의 총성 – 봉오동과 청산리 전투

1920년, 만주 지역에서는 일본군과 맞서 싸운 중요한 전투가 잇따라 벌어졌습니다.

먼저 6월 7일, 홍범도 장군이 이끄는 독립군은 봉오동 계곡에서 일본군을 유인한 뒤, 기습 공격으로 큰 승리를 거두었습니다. 이 전투에서는 독립군 600여 명이 참여해 무려 일본군 500명 이상을 사살하거나 부상시키는 큰 전과를 올렸습니다.

봉오동전투는 조직적인 무장 독립군이 일제의 정규군을 물리친 첫 사례로, 우리 민족에게 큰 용기와 자신감을 주었습니다.

같은 해 10월 21일부터 10월 26일까지, 김좌진 장군이 지휘하는 북로군정서 독립군은 청산리 일대 10여 곳에서 일본군과 격전을 벌였습니다. 이 전투에는 홍범도 부대도 합세하여 함께 싸웠습니다.

청산리대첩 승리 기념 사진 1920년 10월 21일부터 6일간 이어진 전투에서 김좌진 장군이 지휘하는 북로군정서 독립군은 3,000명 이상의 일본군 사상자를 내는 대승을 거두었어요. (사진·국사편찬위원회)

청산리대첩은 약 6일간 계속된 전투로, 독립군 약 3,000명이 일본군 1만 명과 맞서 싸워, 3,000명 이상의 일본군 사상자를 내는 대승을 거두었습니다. 이 승리는 무장 독립운동 역사상 가장 규모가 크고, 성과도 컸던 전투로 평가받고 있습니다.

이 두 전투는 현지 독립군 부대들이 중심이 되어 주도한 전투였지만, 대한민국 임시정부와도 일정한 관련이 있습니다. 당시 대한민국 임시정부는 1920년을 '독립 전쟁의 해'로 선포하고, 만주 지역의 독립군들과 연합 전선을 모색하는 중이었습니다.

청산리대첩 이후, 대한민국 임시정부는 공식 성명서를 발표하며 전투의 의미를 국민들에게 알렸고, 이를 통해 독립군과의 정신적 연대, 그리고 무장 투쟁의 필요성을 강조했습니다.

오늘날 여러 역사 연구에서는, 대한민국 임시정부가 이 전투들을 직접 지휘하거나 작전을 계획하지는 않았다는 점을 밝히고 있습니다. 하지만 독립군 통합 시도, 무관학교 설립, 군사전략 구상 등을 통해 대한민국 임시정부가 이 무장 투쟁의 흐름과 일정 부분 연결되어 있음은 확인되고 있습니다.

대한민국 임시정부는 봉오동전투와 청산리대첩 이후에도 만주와 연해주 지역의 독립군과 연락을 유지하며 군사 활동의 기반을 다지기 위해 노력했습니다.

  이러한 노력은 이후 참의부 창설, 그리고 한인애국단과 한국광복군으로 이어지며 무장 독립운동의 흐름을 끊임없이 이어 가는 데 중요한 밑거름이 되었습니다.

  대한민국 임시정부는 1920년 봉오동전투와 청산리대첩을 통해 무장 독립군의 용기와 전략이 드러나자, 군사 활동의 중요성을 다시 한번 확인합니다.

  그 결과 더욱 조직적인 군사 조직을 갖추기 위해 만주 지역에 군정 기관을 세우고, 무장 투쟁을 이어 나갈 준비를 시작합니다. 바로 그 중심에 있었던 조직이 '참의부'였습니다.

군사 활동을 이끈 '참의부'

  대한민국 임시정부는 1923년 남만주 지역에서 군사와 민사를 총괄하는 '참의부'를 창설하여 군사 활동을 다시 강화했습니다. 참의부는 5개 중대와 독립 소대로 조직되었고, 국내 진입 유격전과 친일파 소탕 작전을 펼쳤어요. 1924년에는 일본 총독 사이토 마코토를 목표로 한 공격 작전을 성공적으로 전개해 일본의 식민 통치에 큰 위협을 가했습니다.

이처럼 참의부의 활동은 대한민국 임시정부가 외교뿐만 아니라 군사적으로도 독립 투쟁을 지속했음을 보여 줍니다.

대한민국 임시정부의 군사 활동은 초기에는 한계가 있었습니다. 하지만 참의부 창설과 같은 노력 덕분에 무장 투쟁의 불씨는 꺼지지 않았습니다. 이후 한인애국단과 한국광복군의 창설로 이어지며, 군사적 독립운동은 계속해서 발전해 나갔어요. 대한민국 임시정부는 군사 활동을 통해 민족의 독립 의지를 굳건히 유지하며 끊임없이 싸웠습니다.

육군 주만 참의부 대원들 대한민국 임시정부는 1923년 남만주 지역에서 군사와 민사를 총괄하는 '참의부'를 창설하여 군사 활동을 강화했어요.

하늘에서 싸운 독립운동 – 공군을 향한 준비

대한민국 임시정부는 참의부를 통한 지상에서의 독립군 활동뿐 아니라, 공중에서도 싸울 수 있는 전력을 갖추기 위해 공군 창설을 준비했습니다.

당시는 세계 여러 나라에서 비행기가 군사 무기로 활용되기 시작한 시기였고, 대한민국 임시정부는 변화하는 전

대한제국 육군 참위 시절의 노백린 1920년 6월, 대한민국 임시정부는 노백린 장군을 통해 미국 캘리포니아 북부의 윌로우스 지역에 '한인비행가양성소'를 공식 개교했어요. (사진·독립기념관)

쟁 환경에 맞춰 앞선 전략을 세운 것이었지요. 이를 위해 대한민국 임시정부는 군무부장(지금의 국방부 장관)인 노백린 장군에게 비행사 양성과 항공 전력 확보를 맡겼습니다.

노백린 장군은 미국에 머무르며 비행기 기술의 중요성을 직접 확인했습니다. 그는 비행사 양성을 통해 독립군의 하늘 전력을 확보하자는 생각을 대한민국 임시정부에 제안했고, 임시정부는 이를 공군 창설을 위한 공식 군사 정책 중 하나로 채택했습니다.

대한민국 임시정부의 공군 창설 첫걸음은 미국 캘리포니아 북부의 윌로우스(Willows) 지역에서 이루어졌습니다. 이곳은 일본의 영향력이 미치기 어려운 지역이었고, 미주 한인 사회의 도움을 받아 훈련장과 비행기를 마련할 수 있었습니다.

1920년 6월, 대한민국 임시정부는 노백린 장군을 통해 '한인비행가양성소'를 공식 개교하였습니다. 이곳에는 훈련기 5대와 조종 교관, 숙소, 비행장 등이 갖춰져 있었고, 기체에는 태극 문양과 함께 'K.A.C.(Korean Air Corps)'라는 문구도 새겨졌습니다.

개교식에서 노백린 장군은 이렇게 말했습니다.

"우리 비행사의 궁극적인 목표는 일본 도쿄다. 독립 전쟁이 일어나면 우리 공군이 도쿄로 날아가 쑥대밭으로 만들

윌로우스 비행학교의 훈련기 '스탠다드 J-1' 모형 한인비행가양성소에는 훈련기 5대와 조종 교관, 숙소, 비행장 등이 갖춰져 있었어요.

한인비행사양성소의 교관들(왼쪽부터 장병훈, 오림하, 이용선, 노백린, 이초, 이용근, 한장호) 대한민국 임시정부는 이 양성소를 통해 정식 조종사를 훈련시켜, 앞으로 벌어질 독립 전쟁에서 하늘을 지배할 전력을 갖추려 했어요. (사진·독립기념관)

것이다."

대한민국 임시정부는 이 양성소를 통해 정식 조종사를 훈련시켜, 앞으로 벌어질 독립 전쟁에서 하늘을 지배할 전력을 갖추려 했습니다. 당시 훈련생 중에는 오림하, 이용선, 이초 같은 인물들이 있었고, 이들은 이후 중국과 타국의 비행학교에 진학해 대한민국 임시정부 산하 군사 조직의 일원으로 활동하게 됩니다.

대한민국 임시정부는 안타깝게도 비행기 구입과 운영에 필요한 자금을 충분히 확보하지 못했고, 훈련소는 1년 반 만에 문을 닫을 수밖에 없었습니다. 그럼에도 불구하고 대한민국 임시정부가 하늘을 통한 독립운동을 본격적으로 준비한 첫 사례였다는 점에서 이 시도는 역사적으로 매우 중요한 의미를 지닙니다.

공군 독립운동의 계승자들 – 안창남과 권기옥

대한민국 임시정부가 노백린 장군과 함께 미국에서 시도했던 비행사 양성의 꿈은 훈련소 폐쇄 이후에도 꺼지지 않았습니다. 이후 대한민국 임시정부는 중국으로 무대를 옮겨 현지 독립운동가들을 통해 공군력을 키우는 방안을 이어 갔습니다. 그 과정에서 안창남과 권기옥 같은 인물이 등장하게 됩니다.

안창남은 1922년, 조선에서 최초로 하늘을 난 비행사로 큰 인기를 얻었습니다. 그는 일제의 감시가 심해지자 중국 상하이로 망명했고, 대한민국 임시정부의 주선으로 중국 공군 훈련을 받을 수 있도록 지원을 받습니다.

그는 중국 정부의 협조를 받아 공군을 창설하기 위해 군용 비행기 조종 훈련을 정식으로 이수했으며, 폭격 연습과 정찰 임무 등 실전 능력을 갖춘 조종사로 성장했습니다. 대한민국 임시정부는 그를 통해 항공 전력을 다시 이어 갈

일본 잡지《역사사진》1923년 8월호에 실린 안창남 안창남은 1922년, 조선에서 최초로 하늘을 난 비행사로 큰 인기를 얻었어요. (사진·대한민국역사박물관)

안창남(왼쪽) 안창남은 중국으로 건너가 산시성 타이위안 비행학교에서 비행사들을 길러 냈어요. (사진·독립기념관)

권기옥(오른쪽) 권기옥은 1927년 대한민국 임시정부의 지원을 받아 중국 공군비행학교에 입학해 정식으로 군용 비행기 조종 훈련을 받았어요. (사진·국립항공박물관)

수 있는 희망을 품었습니다.

 권기옥은 1925년, 한국 여성으로서는 처음으로 하늘을 날았던 인물입니다. 원래 교사였던 그녀는 3·1독립만세운동에 참여한 경험을 바탕으로 조국을 위해 하늘에서 싸우고 싶다는 꿈을 품고 중국으로 향했습니다.

 이후 그녀는 1927년경, 대한민국 임시정부의 외교적 지원을 받아 중국 공군비행학교에 입학했고, 정식으로 비행

조종술과 정찰·폭격 전술 등 군사 교육을 이수했습니다. 훈련을 마친 뒤 권기옥은 임시정부와 연결된 독립운동 조직에서 활동하며, 비행 시범과 항공 교육을 통해 독립운동 정신을 널리 전파했습니다. 권기옥은 대한민국 임시정부의 항공 전략이 단지 계획에 그치지 않고 실제로 실행될 수 있음을 보여주는 상징적인 인물이었습니다.

비록 대한민국 임시정부가 독립군 공군을 정규 편제로 운영하진 못했지만, 1920년대 중후반에 이어진 항공 독립운동의 시도들은 임시정부의 활동이 땅을 넘어 하늘까지 확장되고 있었음을 보여 줍니다.

"나라 없는 백성이 하늘을 난들 무슨 소용이 있겠습니까?"

권기옥의 이 말은, 나라를 되찾지 못한 현실 속에서 느낀 깊은 절망과 각오가 담겨 있습니다. 그녀는 절망 속에서도 비행을 멈추지 않았고, 하늘에서도 조국을 위한 싸움을 이어 갔습니다. 비행은 단순한 조종술이 아니라, 하늘 위에서 펼쳐진 독립운동의 또 다른 날개였던 것입니다.

(8) 민족혼을 되살린 교육과 문화 활동

"힘으로 싸우는 것도 중요하지만, 마음이 살아 있어야 끝까지 버틸 수 있습니다."

나라를 빼앗기면 가장 먼저 사라지는 것이 무엇일까요? 총과 칼, 군대가 아닙니다. 말과 글, 문화 그리고 스스로를 잊지 않으려는 마음이에요.

"우리가 독립을 되찾으려면, 우리 스스로 조선인임을 잊지 않아야 한다."

대한민국 임시정부는 생각했어요. 그래서 총 대신 책을 만들고, 아이들에게 배우게 하고, 해외에 유학생을 보내는 활동을 이어 갔어요.

이제부터 우리는 대한민국 임시정부가 펼친 교육과 문화 활동이 어떻게 우리 민족의 정신을 되살렸는지 함께 알아보게 될 거예요.

독립 정신을 일깨운 교육과 언론

대한민국 임시정부는 상하이에 초등 과정의 '인성학교'와 중등 과정의 '3·1중학'을 설립하여, 국어와 국사 교육을 통해 민족 교육을 펼쳤습니다. 이 교육은 학생들이 민족의식을 다시 되새기고, 나아가 독립운동에 나설 수 있도록 준비시키기 위한 것이었습니다.

더불어 중국어 교육도 함께 제공하여 학생들이 장차 중국에서 고등 교육을 받을 수 있는 기반을 마련해 주었습니다. 이러한 교육 활동은 미래 독립운동의 주역을 양성하는

《독립》 창간호 대한민국 임시정부는 《독립》을 발행하여 국내외에 독립운동 소식을 알리고, 민족의식을 고취하려 했어요.

중요한 역할을 했습니다.

대한민국 임시정부는 교육뿐만 아니라 언론을 통한 문화 운동에도 많은 노력을 기울였습니다. 《독립》을 발행하여 국내외에 독립운동 소식을 알리고, 민족의식을 고취하려 했습니다.

《독립》은 전 세계에 배포되어 해외 동포들의 힘을 모으는 데 기여했습니다. 특히 국내에도 은밀히 배포하면서 독립운동의 동향을 전하며 많은 사람의 참여와 지원을 이끌어 냈습니다.

역사 왜곡을 바로잡은 '임시사료편찬회'

대한민국 임시정부는 일본의 역사 왜곡에 맞서기 위해 1921년 '임시사료편찬회'를 설치하고, 《한·일 관계 사료집》을 발간했습니다. 이 사료집은 일본의 침략과 한국의 역사를 바로잡기 위한 자료집으로, 국제사회에 한민족의 정당성과 일제의 가혹한 식민 통치를 알리는 중요한 역할을 했

《한·일 관계 사료집》 표지 대한민국 임시정부는 일본의 역사 왜곡에 맞서기 위해 1921년, 일본의 침략과 한국의 역사를 바로잡기 위한 자료집 《한·일 관계 사료집》을 발간했어요.

습니다. 《한·일 관계 사료집》은 총 4편 4책으로 구성되었으며, 한·일 관계사부터 3·1독립만세운동에 이르기까지 다양한 내용을 담고 있었습니다.

이처럼 대한민국 임시정부의 교육과 출판 활동은 당시 험난한 외교 및 군사 활동 속에서도 독립운동의 중요한 한 축을 담당했습니다.

(9) 국민의 힘으로 마련된 독립운동 자금

"총 대신 돈을, 말 대신 희망을 보냈습니다."

나라를 되찾기 위한 싸움은 단순히 총을 드는 것만으로는 되지 않았습니다. 은밀한 작전을 세우고, 멀리서 무기를 구입하고, 수많은 청년에게 훈련을 시켜야 했어요. 그 모든 일에는 반드시 '돈'이 필요했습니다.

독립운동에 필요한 자금은 오직 조선 사람들의 손에서 나와야만 했습니다.

어떤 이는 소를 팔고, 어떤 이는 반지와 패물을 내놓았습니다. 이름도 얼굴도 남기지 않았지만, 그들의 마음은 하나같이 조국의 독립을 향해 있었습니다.

이제부터 우리는 대한민국 임시정부가 어떻게 자금을 모았고, 그 돈이 어디에 쓰였는지, 그리고 그 속에 담긴 사람들의 마음은 무엇이었는지 살펴보게 될 거예요.

국민이 모은 '인구세'와 '애국금'

대한민국 임시정부는 자금을 마련하기 위해 '인구세'와 '애국금'이라는 두 가지 방식을 도입했습니다.

'인구세'는 대한민국 임시정부가 국민들에게 부과한 세금으로, 만 20세 이상의 남녀에게 금화 1원을 연 2회씩 내도록 정했습니다. 이 인구세는 주로 상하이, 평안북도, 그리고 미주 지역에서 거두어졌습니다.

인구세가 지금의 세금과 비슷하다면, '애국금'은 독립운동을 지원하기 위한 자발적인 모금이었습니다. 대한민국

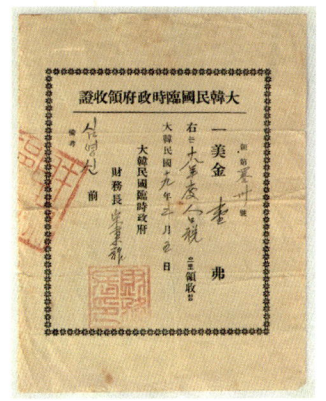

대한민국 임시정부가 발행한 인구세 영수증
'인구세'는 대한민국 임시정부가 국민들에게 부과한 세금으로, 만 20세 이상의 남녀에게 금화 1원을 연 2회씩 내도록 했어요.

임시정부는 애국금 수합위원들을 국내 각 지방에 파견해 자금을 모았습니다. 하지만 이 과정에서 일본의 방해와 자금 강탈로 많은 어려움을 겪습니다. 심지어 가짜 모금원들이 등장해 애국금을 중간에서 빼돌리는 사건도 발생했습니다.

이러한 문제를 해결하기 위해 대한민국 임시정부는 점차 애국금을 대신해 '독립 공채'를 발행하게 됩니다.

독립을 위한 채권, '독립 공채'

'독립 공채'는 대한민국 임시정부가 공식적으로 발행한 채권으로, 독립 후에 원금과 이자를 갚겠다는 약속을 담고 있었습니다.

1919년, 구미위원부에서 김규식, 이승만, 서재필 등의 주도로 발행되었으며, 1920년 4월 대한민국 임시의정원이 공식적으로 판매를 공포했습니다.

상하이에서는 원화 채권이, 미주 지역에서는 달러화 채권이 발행되었습니다. 채권의 금액은 원화 100원, 500원, 1,000원으로 구분되었으며, 달러화 채권은 10달러, 25달러, 50달러, 100달러 등 다양한 금액으로 구성되었습니다.

독립 공채는 공식 시장에서 거래될 수는 없습니다. 하지만 우리 민족과 동포들은 공채가 실제로 갚아지지 않더라도, 나라를 되찾겠다는 강한 의지로 기꺼이 사들였습니다.
독립 공채의 발행은 대한민국 임시정부 자금 조달에 중요한 역할을 했으며, 이를 통해 확보된 자금은 교통국과 연통제를 통해 국내외에서 독립운동을 지원하는 데 사용되었습니다.

대한민국 임시정부의 자금 마련 노력은 독립운동의 지속성과 확장을 뒷받침하는 중요한 기반이 되었습니다. 이러한 자금 조달은 단순히 금전적인 의미를 넘어, 독립을 향한 민족의 결집된 의지를 상징하는 활동이기도 했습니다.

2부

위기 속에서 피어난 독립의 불꽃, 대한민국 임시정부의 고난과 재도약

대한민국 임시정부는 수많은 시련을 극복하며 끊임없이 독립운동을 이어 갔습니다. 하지만 1930년대에 대한민국 임시정부는 더욱 거세지는 일제의 탄압으로 상하이를 떠나게 됩니다.

이 장에서는 1940년 충칭에 정착하기 전까지의 대한민국 임시정부의 활동과 고난을 살펴볼 것입니다.

(1) 흔들리는 대한민국 임시정부와 국민대표회의

"왜 우리는 같은 목표를 두고도 자꾸 서로 갈라지는 걸까요?"

대한민국 임시정부가 세워진 뒤, 많은 독립운동가들은 큰 기대와 희망 속에서 함께 힘을 모았습니다. 하지만 시간이 흐르면서 독립운동을 어떻게 이어 갈 것인가를 두고 서로 다른 생각과 의견이 부딪히기 시작했어요.

어떤 사람은 외교에 힘을 쏟자고 했고, 또 어떤 사람은 무장 투쟁으로 맞서야 한다고 주장했죠. 이런 갈등은 점점 커져서, 대한민국 임시정부의 운영 자체를 위협하는 수준이 되었답니다. 그래서 독립운동가들은 국민의 뜻을 다시 모으기 위해 '국민대표회의'라는 큰 회의를 열기로 결정합니다. 모두가 모여 하나의 방향을 정하자는 의도였어요.

이제부터 우리는 '국민대표회의'가 왜 열리게 되었고, 어떤 결과를 남겼는지 함께 살펴보게 될 거예요.

이승만의 위임통치 제안과 논란

1919년, 대한민국 임시정부의 초대 대통령으로 선출된 이승만은 외교적인 방법으로 독립을 이루고자 했습니다.

그는 한국이 일본과 바로 싸우기에는 힘이 부족하다고 생각했기 때문에, 강한 나라들 도움을 받아 독립을 이루자는 생각을 가지고 있었습니다. 이승만은 이 구상을 '위임통치'라고 불렀어요.

'위임통치'는 한국이 스스로 독립하기 어려우니, 국제연맹이라는 큰 단체가 한국을 대신 다스리며 나라를 세울 수 있도록 도와주는 방식을 말합니다.

1919년 2월, 이승만은 미국 대통령 윌슨에게 위임통치를 요청하는 청원서를 보냈습니다. 이 청원서에서 이승만은 한국이 독립하려면 국제사회의 도움이 필요하다고 주장했습니다.

이승만의 위임통치 제안은 대한민국 임시정부 내부에서

상하이교민단의 이승만 대통령 상하이 도착 환영식 1919년, 대한민국 임시정부의 초대 대통령으로 선출된 이승만(가운데 꽃다발을 목에 건 이)은 외교적인 방법으로 독립을 이루고자 하는 '위임통치' 방식을 제안하여 임시정부 내부에 큰 논란을 일으켰어요.

큰 논란을 일으켰습니다. 독립운동가들은 위임통치가 또 다른 식민지 지배와 다름없다고 비판했습니다. 그들은 즉각적인 독립을 원했기 때문에, 이승만의 생각을 받아들이기 어려웠습니다. 이 논란으로 대한민국 임시정부 내부의 갈등은 더욱 깊어졌습니다.

결국 대한민국 임시정부는 이 갈등을 해결하고 독립운동의 방향을 다시 설정하기 위해 '국민대표회의'를 열게 됩니다.

분열의 시작, 국민대표회의의 결렬

1923년 1월 3일, 대한민국 임시정부는 독립운동의 방향을 다시 결정하기 위한 '국민대표회의'를 열었어요. 상하이에 국내외 120여 개 독립운동 단체의 대표들이 모여, 어떻게 하면 더 효과적으로 독립운동을 할 수 있을지 고민했습니다.

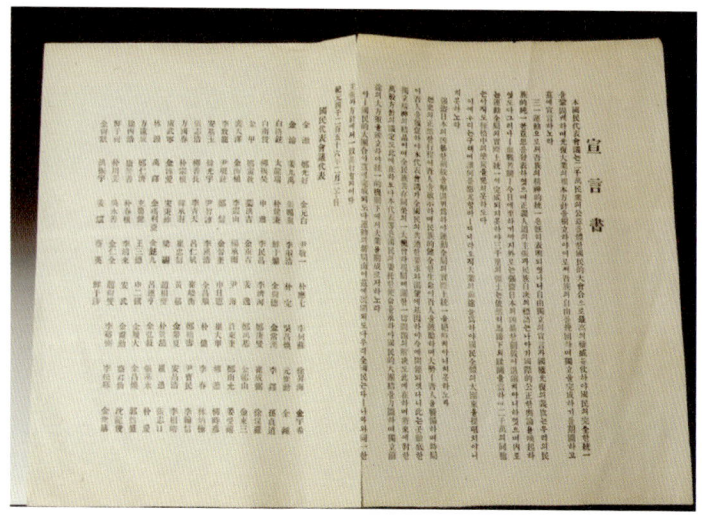

국민대표회의 선언서 1923년 1월 3일, 상하이에서 열린 국민대표회의에 국내외 120여 개 독립운동 단체의 대표들이 모여, 어떻게 하면 더 효과적으로 독립운동을 할 수 있을지 고민했어요.

하지만 회의에서는 크게 세 가지 의견으로 나뉘었어요.

첫 번째는, 신채호를 중심으로 한 창조파였습니다. 이들은 대한민국 임시정부가 독립운동을 제대로 이끌지 못한다고 판단해, 임시정부를 해체하고 새로운 정부를 세우자는 주장을 했습니다.

두 번째는, 안창호를 중심으로 한 개조파였습니다. 이들은 대한민국 임시정부를 유지하되 개혁을 통해 더 나은 정부로 만들자고 주장했습니다.

세 번째는, 김구를 중심으로 한 현상유지파입니다. 이들은 대한민국 임시정부가 독립운동의 상징적 존재이므로 큰 변화를 주지 않고 현재의 체제를 유지해야 한다고 주장했습니다.

국민대표회의는 시간이 지날수록 창조파와 개조파 간의 갈등이 격화되었습니다. 결국 1923년 6월, 아무런 결론도 내지 못한 채 끝나고 말았습니다. 이로 인해 많은 독립운동가가 대한민국 임시정부를 떠나게 되었고, 임시정부는 더욱 어려운 상황에 처하게 되었습니다.

김구의 대한민국 임시정부 지키기

국민대표회의가 결렬된 후, 김구는 대한민국 임시정부를

대한민국 임시정부 경무국장 김구, 내무총장 겸 국무총리 안창호, 동삼성외교위원장 이탁(왼쪽부터) 국민대표회의가 결렬되고 많은 독립운동가가 임시정부를 떠났지만, 김구는 대한민국 임시정부를 지키기 위해 최선을 다했어요.

지키기 위해 최선을 다했습니다. 그는 창조파가 새로 만든 조직을 해체하고, 대한민국 임시정부를 계속 유지하려고 노력했습니다. 비록 많은 독립운동가가 임시정부를 떠났지만, 김구, 이동녕, 이시영, 조소앙, 신익희, 안공근 등 쟁쟁한 독립운동가들이 끝까지 대한민국 임시정부를 지키며 독립운동을 이어 갔습니다.

1925년에는 이승만 대통령이 위임통치 문제로 인해 탄핵되었고, 그 후 박은식을 새 대통령으로 선출하였습니다. 이어서 대한민국 임시정부는 대통령제를 폐지하고 국무령제를 도입해 정부 운영 방식을 바꾸었습니다. 1927년에는 헌법을 개정하여 여러 사람이 돌아가며 정부를 운영하는 방식으로 바꾸기도 했습니다.

대한민국 임시정부는 국민대표회의 이후 여러 노력을 기울였음에도 점차 힘을 잃어 갔습니다. 대한민국 임시정부는 이제 더 이상 우리 민족 전체를 대표하는 독립운동 단체가 아니라, 여러 독립운동 단체 중 하나가 되었습니다.

하지만 1931년, 김구가 '한인애국단'을 조직하면서 대한민국 임시정부는 새로운 도약의 기회를 맞게 됩니다.

(2) 독립운동의 새로운 불꽃, 한인애국단

"조용히 기다릴 수만은 없습니다. 누군가는 직접 행동해야 합니다."

1930년대, 일제의 탄압은 점점 더 심해지고 있었습니다. 해외에서 외교로 독립을 호소해도, 총칼을 앞세운 식민 지배는 끝날 줄 몰랐어요.

"조용한 호소만으로는 독립을 이룰 수 없다. 직접 행동할 단단한 조직이 필요하다."

김구는 '한인애국단'을 통해 의열 투쟁을 준비합니다. 혼자가 아니라 뜻을 같이하는 이들과 함께 움직이는 조직적인 활동, 그것이 바로 한인애국단의 방식이었고, 이 조직의 이름은 곧 이봉창, 윤봉길 의사의 의거를 통해 세계에 알려지게 되었어요.

이제부터 우리는 한인애국단이 왜 만들어졌고, 어떤 일을 해냈는지, 그리고 그것이 독립운동 전체에 어떤 불꽃을 남겼는지 함께 살펴보게 될 거예요.

한인애국단의 창설

1931년, 김구는 침체된 대한민국 임시정부에 활력을 불어넣고, 일제와 맞서 싸우기 위해 비밀 단체인 '한인애국단'을 만들었습니다. 당시 임시정부는 자금 부족과 인력 문제로 어려움을 겪고 있었지만, 김구는 의열 투쟁을 통해 임시정부의 존재감을 다시 세상에 알리고 싶었어요.

한인애국단은 일본의 중요한 인물들과 시설을 공격하는 특공 작전을 펼치기 시작했습니다. 주요 목표는 일본의 왕, 군사 지도자 처단, 그리고 군사 시설을 폭파하는 것이었어요.

한인애국단은 많은 사람이 단원으로 활동했지만, 단원의 이름은 비밀이었습니다. 대부분의 단원들은 가명을 사용했고, 김구만이 그들의 이름을 정확히 알았어요. 당시 일제 정보기관은 한인애국단의 인원을 약 80명으로 추정했고, 핵심 단원을 10여 명으로 보았어요.

한인애국단 단원 최흥식 중국 다롄에서 관동군 사령관과 남만주철도 총재를 처단하기 위해 유상근과 함께 준비하던 중, 거사 2일 전 일본 경찰에 체포되어 옥고를 치렀어요.

한인애국단 단원 유상근 최흥식과 함께 체포되어 옥고를 치르던 중, 광복을 하루 앞둔 1945년 8월 14일 뤼순 감옥에서 순국했어요.

김구와 한인애국단 단원들 1931년, 김구는 침체된 대한민국 임시정부에 활력을 불어넣고, 일제와 맞서 싸우기 위해 비밀 단체인 '한인애국단'을 만들었어요.

이봉창과 윤봉길, 역사에 남은 의거

한인애국단의 가장 의미 있는 활동으로 이봉창과 윤봉길 의사의 의거가 있습니다.

1932년 1월, 한인애국단의 이봉창 의사는 일본 도쿄에서 히로히토 일왕이 탄 마차에 폭탄을 던졌습니다. 비록 일왕을 다치게 하지는 못했지만, 일본의 수도에서 일어난 이 사건은 전 세계의 이목을 끌었고, 한국의 독립 의지를 알리는 중요한 계기가 되었어요.

같은 해 4월 29일, 또 다른 한인애국단 단원 윤봉길 의사는 상하이의 홍커우공원에서 열린 일본의 기념식에서 폭탄을 던졌습니다. 이로 인해 일본의 높은 장군들과 지도자들이 큰 피해를 입었고, 일본이 세계적인 강대국이라는 인식이 크게 흔들리게 되었어요.

광복 후, 김구는 상하이 홍커우공원 의거 기념식에서 다음과 같이 말하기도 합니다.

"윤봉길 의사의 행동은 전 세계에 우리 조선 사람이 살아 있다는 것을 알린 사건입니다."

이봉창 의사와 윤봉길 의사의 의거는 단순한 폭탄 투척 이상의 의미가 있습니다. 한국인의 독립 의지를 전 세계에 알렸고, 국내외에서 한국 사람들의 독립을 향한 마음이 더욱 강해지게 만들었습니다. 또한 힘을 잃고 있던 대한민국 임시정부는 다시 활기를 되찾았고, 중국 정부의 본격적인 지원도 받게 됩니다.

한인애국단의 의거가 대한민국 임시정부에게 좋은 결과만을 가져온 것은 아니었습니다. 1932년 윤봉길 의거 이후 일본의 강한 탄압이 시작되었고, 대한민국 임시정부는 상하이를 떠나야 했습니다. 그 후 1940년 충칭에 정착할 때까지 대한민국 임시정부는 중국의 여러 지역을 옮겨 다니며 힘든 시간을 보내야 했답니다.

이봉창 의사 1932년 1월, 한인애국단의 이봉창 의사는 일본 도쿄에서 히로히토 일왕이 탄 마차에 폭탄을 던졌어요.

윤봉길 의사 1932년 4월 29일, 한인애국단의 윤봉길 의사는 상하이 훙커우공원에서 폭탄을 터뜨려 일본군 장성과 지도자들에게 큰 피해를 주었어요.

(3) 독립을 향한 기나긴 여정

"우리가 가야 할 길이 멀어도, 멈출 수는 없습니다."

대한민국 임시정부는 처음 중국 상하이에서 시작되었어요. 하지만 일본의 감시와 압박은 시간이 갈수록 더 심해졌고, 대한민국 임시정부는 더 이상 한곳에 머물 수 없게 되었지요.

그래도 대한민국 임시정부는 포기하지 않았어요.

상하이를 떠나 항저우, 창사, 광저우……; 중국의 수많은 도시를 옮겨 다니며 도망치듯 이동해야 했지만, 대한민국 임시정부는 포기할 수 없었습니다. 독립이라는 목적지는 멀었지만, 그 여정은 곧 우리 민족의 희망이었기 때문입니다.

상하이를 떠나 새로운 길을 찾다

윤봉길 의사의 홍커우공원 의거가 성공하면서 일본은 큰 충격을 받습니다. 일본 경찰들이 상하이 시내를 샅샅이 뒤지며 대한민국 임시정부 인사들을 체포하였습니다. 김구는 그때부터 계속 일본의 눈을 피해 숨을 수밖에 없었습니다.

결국 김구는 상하이를 떠나기로 결심하게 됩니다. 대한민국 임시정부의 생존을 위해 반드시 필요한 선택이었어요. 상하이 프랑스 조계지는 임시정부의 중심지였지만, 이

항저우 대한민국 임시정부 청사 윤봉길 의사의 홍커우공원 의거 이후 일본의 압박이 심해지자, 대한민국 임시정부는 상하이를 떠나 항저우로 이동했어요.

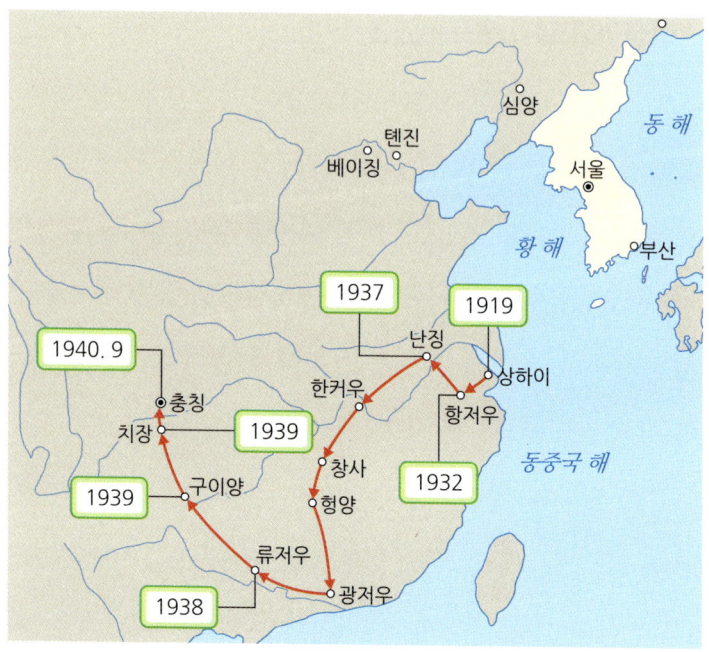

대한민국 임시정부의 이동 경로 일본군의 추적이 계속되자 상하이를 떠난 대한민국 임시정부는 항저우를 비롯한 여러 지역으로 끊임없이 이동해야만 했어요.

제 그곳은 더 이상 안전한 피난처가 될 수 없게 된 것이죠.

대한민국 임시정부는 상하이를 떠나 항저우로 이동했습니다. 항저우는 비교적 안전한 곳이었지만, 일본군의 추격은 계속되었습니다. 일본이 끊임없이 대한민국 임시정부를 쫓고 있었기 때문에 항저우에도 오래 머물지 못했습니다.

충칭, 새로운 희망의 땅

일본의 침략이 계속되면서 대한민국 임시정부는 생존을 위해 난징, 창사, 광저우, 류저우 등 중국의 여러 도시를 옮겨 다니며 끊임없이 이동해야 했습니다. 그 과정에서도 독립운동 계획을 세우고 군사 훈련을 이어 가며, 임시정부는 언제나 새로운 독립의 길을 찾기 위해 노력했습니다.

1940년, 대한민국 임시정부는 충칭에 도착합니다. 이곳에서 중국 국민당 정부의 지원을 받아 다시 독립운동을 본격적으로 준비할 수 있었습니다. 충칭은 대한민국 임시정부가 안정적으로 활동할 수 있었던 중요한 장소가 됩니다. 이곳에서 한국광복군이 창설되고, 여러 독립운동 단체들이 힘을 모으게 됩니다.

충칭은 대한민국 독립을 위한 중요한 터전이 되었고, 광복될 때까지 대한민국 임시정부의 중심지가 되었습니다.

(4) 김구를 노린 일본의 암살 작전

"김구를 없애라. 조선을 다시 조용히 만들려면, 반드시."

일본은 윤봉길 의사의 의거로 큰 충격을 받았고, 이 모든 일의 배후에 김구가 있다는 것을 알게 되었죠. 그날 이후 김구는 일본이 가장 두려워하는 존재가 되었어요. 그래서 일본은 그를 없애기 위한 암살 작전을 여러 차례 시도합니다. 때로는 독을, 때로는 총을, 그리고 '밀정'이라 불리는 배신자들까지 동원했죠.

하지만 김구는 살아남았습니다.

그의 의지와 용기는 어느 칼과 총보다도 더 강했기 때문입니다.

첫 번째 암살 시도, 밀정 오대근의 배신

1933년, 일본은 상하이에서 김구를 제거하기 위한 비밀 작전을 세웠습니다. 그들은 밀정 오대근을 통해 김구의 위치를 알아내려 했습니다. 오대근은 한때 독립운동가였지만, 일본의 회유에 넘어가 배신자가 되었어요. 일본은 오대근과 특별 공작원을 난징으로 보내 김구를 암살하려고 했

대한민국 임시정부 요인과 가족들 임시정부를 이끈 김구(두 번째 줄 가운데)는 여러 차례에 걸친 일본의 암살 시도에 생명의 위협을 느끼며 시달려야 했어요.

습니다.

다행스럽게도 김구는 이 계획을 미리 알아차렸습니다. 정보를 입수한 중국 관리들이 김구를 보호했고, 오대근 일당을 붙잡아 처형했습니다. 첫 번째 암살 시도는 이렇게 실패로 끝났고, 김구는 한숨을 돌릴 수 있었습니다.

두 번째 암살 시도, 내부 갈등을 이용한 일본의 계략

첫 번째 암살 시도가 실패하자, 일본은 더 교묘한 방법을 사용했습니다. 이번에는 김구 주변의 동료들 사이에서 갈등을 일으켜 서로 싸우게 만드는 계획이었어요. 당시 독립운동가들은 오랜 투쟁으로 인해 지치고, 자금 부족과 의견 차이로 어려움을 겪고 있었습니다. 일본은 이러한 상황을 이용해, 김구와 동료들이 서로를 믿지 못하게 만들려 했습니다.

일본은 김구와 의견이 맞지 않았던 무정부주의자들을

김구가 도주할 때 쓰던 배 일본은 임시정부를 배신한 밀정과 내부 갈등을 이용해 김구를 제거하려 했어요.

김구가 도피하기 위해 만든 비밀 문 여러 차례에 걸친 일본의 김구 암살 계획은 사전에 정보가 노출되어 계속 실패했어요.

이용해 김구를 암살하려고 했습니다. 무정부주의자들은 나라를 다스리는 정부가 필요 없다고 믿는 사람들로, 김구와는 다른 방법으로 독립을 이루려고 했습니다.

이번에도 김구는 일본의 계획을 눈치채고, 무정부주의자들과 갈등을 풀어 나가며 힘을 모았습니다. 이로 인해 일본의 두 번째 암살 계획도 실패하고 말았습니다.

피할 수 없는 마지막 위기, 남목청 사건

1938년 5월, 일본은 김구를 암살하려는 세 번째 시도를 합니다. 이 사건은 바로 '남목청 사건'으로, 일본이 밀정을 이용해 치밀하게 계획한 일이었어요. 당시 창사에 있던 남목청에 독립운동 단체들이 함께 모여 중요한 회의를 하던 중 일본은 밀정 박창세를 통해 김구를 제거하려 했습니다.

박창세는 원래 김구가 신뢰하는 특무대장이었지만, 일본이 그의 아들 귀국을 조건으로 회유해 배신하게 만들었어요. 박창세는 김구에게 불만을 품고 있던 이운환을 이용해

김구 암살 시도가 벌어진 남목청 6호 1938년 5월, 창사에 있던 조선혁명당 본부 남목청 6호에 독립운동 단체들이 함께 모여 중요한 회의를 하던 중 일본은 밀정 박창세를 통해 김구를 제거하려 했어요.

남목청 6호 내부 박창세에게 포섭된 이운환은 회의장에 뛰어들어 총을 쏘아 김구에게 심각한 부상을 입혔고, 몇몇 독립운동가들은 크게 다치거나 목숨을 잃었어요..

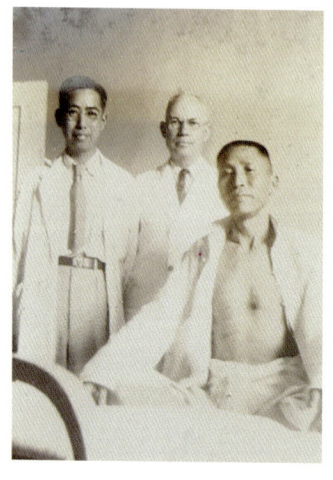

가슴에 총탄을 맞은 김구 목숨이 위태로울 정도로 부상이 심각했지만, 김구는 장제스 등의 도움 덕분에 기적적으로 회복할 수 있었어요.

김구를 암살하도록 계획했죠.

이운환은 회의장에 뛰어들어 총을 쏘기 시작했어요. 김구는 심각한 부상을 입었고, 유동열, 지청천도 크게 다쳤습니다. 독립운동가 현익철은 현장에서 목숨을 잃게 됩니다.

김구는 병원으로 옮겨졌지만, 상태가 심각해 살아남기 힘들 것이라는 진단을 받습니다. 그만큼 상태가 매우 심각했죠. 다행히 중국 국민당의 장제스와 동료들의 도움 덕분에 김구는 기적적으로 회복할 수 있었습니다. 이 암살 시도에서도 김구는 살아남았고, 다시 독립운동의 중심으로 돌아올 수 있었답니다.

김구, 세 번의 암살 위협을 넘기다

김구는 생명이 위태로웠던 암살 시도만 세 차례를 받았고, 발각되어 기록으로 남은 사건도 더 있었습니다. 발각되지 않은 시도까지 포함하면, 그 횟수는 훨씬 더 많았을 것으로 보입니다.

하지만 결국 김구는 살아남았습니다. 김구는 이런 위기를 겪을 때마다 더욱 단단해졌고, 그를 따르는 독립운동가들의 결속도 강해졌습니다. 김구의 암살 위협은 단지 개인의 생존이 아니라, 독립을 향한 불굴의 의지를 상징하는 역사적 사건이었어요. 이 모든 위기를 겪은 후에도 김구는 끝까지 민족해방과 광복을 향한 희망을 놓지 않았고, 1945년 마침내 그 꿈은 실현되었습니다.

(5) 한인특별반, 대한민국 임시정부의 원동력이 되다

"우리가 싸우고 있다는 걸 드디어 중국도 알아주기 시작했습니다."

윤봉길 의사의 의거는 중국 국민당 정부에 깊은 인상을 남겼어요. 그 순간, 한국인의 독립운동은 '외로운 싸움'에서 '함께하는 전쟁'이 되었지요.

중국은 김구와 대한민국 임시정부를 정식으로 지원하기 시작했고, 그 결과 만들어진 것이 바로 '한인특별반'이었습니다. 이 특별한 부대는 한국 독립운동의 새로운 전환점이 되었고, 조국을 되찾기 위한 더 강한 힘의 씨앗이 되었어요.

독립운동의 미래를 준비한 훈련소, 한인특별반

윤봉길 의사의 의거는 중국 정부의 지도자 장제스가 한국의 독립운동 능력을 다시 보게 만든 중요한 사건이었어요. 이로 인해 김구와 장제스는 만나게 되었고, 중국의 중앙육군군관학교 낙양분교에 '한인특별반'을 설치하기로 합의했어요. 이 한인특별반은 한국 청년들을 훈련시켜 독립운동의 간부로 키우기 위한 목적이었답니다.

중국 정부는 단순히 한국을 돕는 것이 아니라, 한국 독립군의 힘을 중국의 항일 전쟁에 활용하려는 목적도 가지고 있었어요. 그래서 한인특별반의 설립은 중국과 한국 간의 이익이 맞아떨어진 결과였답니다.

한인특별반에는 18세에서 35세 사이의 한국 청년들이 입학했습니다. 이들은 군사 훈련뿐만 아니라, 독립 정신을 고취하는 교육도 받았어요. 훈련은 한국인 교관들이 주도했으며, 지청천, 오광선, 이범석 같은 독립군 장교들이 교

중국 중앙육군군관학교 입학생 중국의 중앙육군군관학교 낙양분교에 '한인특별반'을 설치하고, 이곳에서 한국 청년들을 훈련시켜 독립운동의 간부로 키웠어요.

관으로 활동했습니다.

　교육은 1년 동안 진행되었고, 정치 훈련, 전술 교육, 군사 기술 등을 집중적으로 배웠어요. 이 훈련을 받은 청년들은 이후 독립운동의 중요한 일꾼으로 활약하게 됩니다.

독립운동의 핵심, 한인특별반 졸업생들

한인특별반은 일본의 방해로 오래 운영되지는 못했어요. 일본은 한인특별반이 자신들에게 큰 위협이 될 것을 알고, 중국에 압박을 가했거든요. 결국 중국은 일본과의 충돌을 피하기 위해 한인특별반을 폐쇄할 수밖에 없었답니다.

그러나 한인특별반 1기 졸업생들은 중국과 만주, 그리고 국내에서 독립운동을 이어 가며 큰 성과를 냈어요. 이들은 독립군 지도자로서 활약하며, 한국광복군과 조선의용대 같은 무장 조직의 핵심 인물로 성장했습니다.

한인 특별반은 짧은 기간 동안 운영되었지만 독립운동사에서 중요한 의미를 지니고 있어요. 이곳에서 훈련받은 청년들은 이후 독립군의 중요한 구성원이 되었고, 무장 투쟁을 이끌었어요. 이들의 헌신 덕분에 우리나라는 광복을 향해 한 걸음 더 나아갈 수 있었답니다. 한인특별반은 한국 독립을 위한 중요한 디딤돌이었으며, 그 영향력은 광복까지 이어졌어요.

3부

대한민국 임시정부의 최후 결전, 독립을 위한 마지막 발걸음

대한민국 임시정부는 충칭에 정착하며 독립운동의 새로운 전환점을 맞았습니다. 전쟁의 소용돌이 속에서도 임시정부는 조직을 정비하고 군사력을 키우며, 독립을 위한 마지막 힘을 쏟아부었습니다.

이 장에서는 대한민국 임시정부가 일본과 싸우기 위해 펼친 최종 결전의 순간들을 살펴보겠습니다.

(1) 충칭에서 다시 일어선 대한민국 임시정부

"우리가 다시 일어설 곳은 바로 여기입니다."

일제의 눈을 피해 수많은 도시를 떠돌던 대한민국 임시정부는 드디어 충칭(중경)이라는 새로운 땅에 자리를 잡게 되었어요. 지친 몸과 마음을 쉬게 할 틈도 없이, 독립을 향한 준비는 다시 시작되었죠.

여기서 대한민국 임시정부는 비로소 가장 조직적인 활동을 펼칠 수 있었고, 군사, 외교, 교육 등 다양한 분야에서 27년 독립운동의 결실을 맺을 준비를 본격적으로 시작합니다.

김구 주석 체제로 조직 개편

충칭에 자리 잡은 대한민국 임시정부는 새로운 출발을 위해 조직을 정비하고, 힘을 모으는 데 집중했습니다. 김구가 중심이 된 '한국국민당', 조소앙이 만든 '한국독립당', 그리고 지청천과 최동오가 이끄는 '조선혁명당'이 힘을 합쳐 '한국독립당'을 만들었어요. 이처럼 여러 독립운동 단체가 하나로 통합되면서 대한민국 임시정부는 더욱 강력한 힘을 얻게 되었습니다.

그 후 대한민국 임시정부는 조직을 더욱 확대하고, 김구를 중심으로 한 지도 체제를 확립했습니다. 당시 중일전쟁과 제2차 세계대전이 벌어지며 국제 정세가 급변하는 상황 속에서, 강력한 지도력이 절실했던 시기였어요. 이에 따라 대한민국 임시정부는 1940년 헌법을 개정하여 김구를 주석으로 선출했습니다.

충칭 대한민국 임시정부 내부 계단
대한민국 임시정부는 1940년 헌법을 개정하여 김구를 주석으로 선출했어요.

충칭 대한민국 임시정부 청사 충칭에 자리 잡은 대한민국 임시정부는 새로운 출발을 위해 조직을 정비하고, 힘을 모으는 데 집중했어요.

김구는 개정된 헌법에 따라 대한민국 임시정부의 첫 주석으로 선출되었습니다. 이때부터 대한민국 임시정부는 국무위원들이 함께 회의하되, 김구 주석이 국무회의를 이끄는 체제로 운영되었습니다. '주석'이란 국무회의를 이끄는 직책입니다.

김구 주석이 체포되거나 암살당하는 상황이 생기더라도 대한민국 임시정부가 멈추지 않도록 국무위원 중에서 자동으로 다음 주석 자리를 이어받도록 새로운 체계도 마련했습니다. 이는 일제의 방해와 테러에도 흔들리지 않는 튼튼한 독립운동 지도 체제를 만들기 위한 조치였습니다.

이처럼 대한민국 임시정부는 단결과 변화로 다시 한번 독립운동의 중심이 되어 가고 있었습니다.

김구는 대한민국 임시정부의 대표로서 행정권과 군 통수권을 모두 장악하고, 당·정·군을 총괄하는 최고의 지도자가 되었습니다. 이로써 충칭에 정착한 대한민국 임시정부는 김구 주석 체제를 중심으로 독립운동을 더욱 강력하게 이끌어 나갈 수 있었습니다.

(2) 한국광복군 창설과 독립군의 꿈

"우리 손으로 만든, 진짜 군대가 필요합니다."

말로만 외치고, 글로만 주장해선 독립을 이룰 수 없었어요. 무장 독립군, 그것이 대한민국 임시정부의 오랜 꿈이었습니다.

수많은 실패와 한계를 딛고, 드디어 1932년 윤봉길 의사의 의거, 그리고 1937년 중·일 전쟁을 계기로 '한국광복군' 창설의 길이 열리게 되었어요. 이것은 단순한 군대가 아니라, 조국을 되찾기 위한 마지막 희망이었습니다.

오랜 꿈을 이룬 독립군의 탄생

'한국광복군'은 김구 주석의 끊임없는 노력과 중국 정부의 협력 덕분에 창설될 수 있었어요. 1940년, 김구는 중국의 최고 지도자 장제스에게 한국 독립군이 전쟁에 참여하고, 일본군에 강제로 징용된 한국인 병사들을 구출하는 것이 전쟁 승리에 큰 도움이 될 것이라고 설명했어요. 장제

한국광복군 총사령부 1940년, 대한민국 임시정부는 중국의 도움을 받아 정규군으로서 '한국광복군'을 창설하게 되었어요.

한국광복군 성립 전례식 한국광복군은 창설과 동시에 우리나라 독립운동을 상징하는 군대가 되었어요.

한국광복군 대회사를 하는 김구 한국광복군은 처음에는 총사령부만 만들어졌지만, 이후 점점 더 많은 병사가 모이면서 규모가 커졌어요.

스는 이 계획을 받아들였고, 대한민국 임시정부는 정규군으로서 '한국광복군'을 창설하게 되었답니다.

한국광복군은 창설과 동시에 우리나라 독립운동을 상징하는 군대가 되었어요. 처음에는 총사령부만 만들어졌지만, 이후 점점 더 많은 병사가 모이면서 규모가 커졌죠. 제1지대, 제2지대, 제3지대가 조직되었고, 나중에는 제5지대까지 추가되었어요.

한국광복군은 일본군이 점령한 지역에 있던 한국 청년들과 군인들을 모아 독립군의 힘을 키워 나갔습니다.

독립을 향한 자주적 투쟁

한국광복군은 병사들을 모집하는 것뿐만 아니라, 세계에 독립운동을 알리기 위한 활동도 펼쳤어요. 라디오 방송과 신문을 통해 독립을 위해 싸우는 이야기를 전하고, 한국인들의 마음속에 독립의 불씨를 심었죠. 한국광복군의

한국광복군 제1지대 대원들

한국광복군 제2지대 대원들

한국광복군 제5지대 대원들

목표는 연합국(미국, 영국, 중국 등)과 함께 일본을 무찌르고, 전쟁이 끝난 후에는 당당한 승리자로서 독립을 이루는 것이었어요.

한국광복군은 중국 정부로부터 많은 지원을 받았지만, 동시에 중국은 한국광복군을 자신들의 통제 아래 두려고 했습니다. 중국 군사위원회는 한국광복군이 중국군의 명령에 따르게 하려 했죠. 그러나 김구는 한국광복군이 중국의 군대가 아니라, 한국의 독립군으로 자주적으로 활동해야 한다고 강하게 주장했어요.

김구의 끈질긴 노력 덕분에 1944년 한국광복군은 중국의 간섭에서 벗어나 대한민국 임시정부의 군대로서 자주적인 독립운동을 이어 갈 수 있었답니다.

(3) 대한민국 임시정부의 선전포고

"이제는 정식으로 일본과 전쟁을 선포할 때입니다."

1941년, 태평양전쟁이 터지며 세계는 다시 큰 전쟁 속으로 빠져들었어요. 이때 대한민국 임시정부는 더 이상 기다릴 수 없다고 판단했습니다.

"우리도 싸우겠다."

대한민국 임시정부는 일본 제국에 공식 선전포고를 하며, 연합국의 일원으로서 독립 전쟁에 나서게 됩니다.

독립을 향한 힘찬 외침, 대일 선전포고

대한민국 임시정부는 1937년 중일전쟁이 시작되고, 1939년 제2차 세계대전이 일어나자 이를 독립운동을 더욱 활발히 펼칠 수 있는 기회로 보았어요.

그러다 1941년 12월 8일, 일본이 미국 하와이의 진주만을 공격하면서 태평양전쟁이 시작되자, 대한민국 임시정부

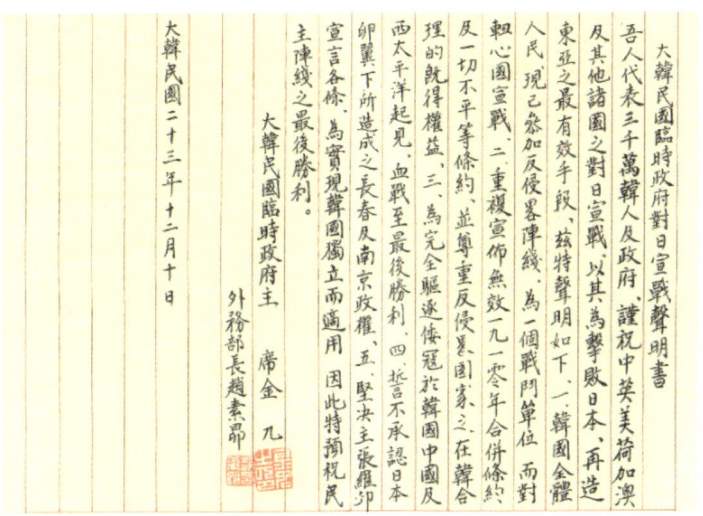

대한민국 임시정부 대일 선전포고문 1941년 12월 8일, 일본이 진주만을 공격하면서 태평양전쟁이 시작되자, 대한민국 임시정부는 곧바로 일본에 맞서 싸우겠다는 뜻을 담은 '대일 선전포고문'을 발표했어요

는 곧바로 일본에 맞서 싸우겠다는 뜻을 담은 '대일 선전 포고문'을 발표했어요.

이 선전포고는 대한민국 임시정부가 연합군(미국, 영국, 중국 등)과 함께 일본과 싸울 준비가 되어 있다는 강력한 의지를 세계에 알린 것이었답니다.

대일 선전포고 이후, 대한민국 임시정부의 한국광복군은 더 많은 지원을 받아 더욱 활발히 활동할 수 있었고, 국제사회에서도 중요한 역할을 맡게 되었어요. 대한민국 임시정부는 일본과 싸우겠다는 결심을 통해 독립을 위한 싸움을 끝까지 이어 가게 됩니다.

미래를 위한 청사진, 대한민국 건국 강령

1941년, 대한민국 임시정부는 독립 후 한국이 어떤 나라가 되어야 할지 구체적인 계획을 세우기 위해 '대한민국 건국 강령'을 발표했습니다.

이 강령은 조소앙의 '삼균주의'를 바탕으로, 정치적으로는 민주공화국을 세우고, 경제적으로는 모두가 평등하게 살 수 있는 사회를 만들며, 교육적으로는 모든 아이들이 학교에 다닐 수 있는 의무 교육을 도입하겠다는 목표를 담고 있습니다.

'삼균주의'는 정치, 경제, 교육에서 모든 사람이 평등한 기회를 누릴 수 있도록 하는 것을 강조했어요. 이 강령은 독립운동가들에게 독립 후 세워질 나라의 모습을 제시하며, 그들에게 강한 목표 의식을 심어 주었죠.

대한민국 건국 강령은 해방 후 대한민국 헌법의 기초가 됩니다. 이 강령에 담긴 '모두가 평등한 기회를 가진다'는 나중에 대한민국 헌법에 반영되었어요.

현재 우리나라 헌법 전문에는 "정치, 경제, 사회, 문화의 모든 영역에서 각자의 기회를 균등히 함으로써 국민 생활의 균등한 향상을 이루겠다"는 대한민국 임시정부의 정신이 그대로 담겨 있어요.

(4) 조선의용대와 한국광복군, 하나로 뭉친 독립군

"힘을 나눌 때가 아닙니다. 하나로 뭉칠 시간입니다."

'조선의용대'는 김원봉이 이끌던 무장 부대였고, '한국광복군'은 대한민국 임시정부가 조직한 정규군이었어요. 처음에는 서로 다른 길을 걷고 있었지만, 공통된 목표는 단 하나 '조국의 독립'이었습니다.

결국 두 부대는 하나가 되기로 결심해요. 이 통합은 독립군에게 더 큰 힘과 희망을 안겨 주는 결정적인 순간이었지요.

의열단에서 시작된 조선의용대

'조선의용대'는 '의열단'이라는 단체에서 시작되었어요. '의열단'은 3·1독립만세운동 이후 김원봉을 중심으로 조직된 단체로, 일제의 주요 통치 기관을 파괴하거나 식민지 통치에 앞장선 인물들을 처단하는 의열 투쟁을 벌였어요.

의열단은 김익상, 나석주 같은 독립운동가들이 일제의 중요한 기관들을 공격하며 독립 의지를 전 세계에 알렸습니다. 시간이 지나면서 단순한 암살을 넘어서 더 조직적이고 체계적인 무장 투쟁을 위해 새로운 군사 조직을 만들기로 결심하게 되었어요.

독립운동의 새로운 힘, 조선의용대

의열단은 무장 투쟁을 체계적으로 펼치기 위해 1938년, 중국에서 '조선의용대'를 창설했어요. 김원봉이 총대장을 맡고, 일본군에 대항하는 심리전과 후방 공작을 진행했답

조선의용대 성립 기념 1938년, 의열단은 무장 투쟁을 체계적으로 펼치기 위해 김원봉을 총대장으로 하는 '조선의용대'를 창설했어요.

니다. 처음에는 중국 정부의 도움을 받았지만, 점차 더 큰 독립운동을 위해 대한민국 임시정부와의 연대를 고민하게 됩니다.

김원봉은 시간이 지나면서, 대한민국 임시정부와 한국광복군에 합류하는 것이 독립운동에 더 큰 도움이 될 것이라고 판단했어요. 1942년, 조선의용대는 한국광복군에 합류하였고, 김원봉은 한국광복군의 부사령관으로 임명되었

조선의용대 이동 경로 조선의용대는 창설 이후 일본군에 대항하는 심리전과 후방 공작을 진행했으며, 1942년 한국광복군에 합류하였어요.

어요. 조선의용대는 한국광복군 제1지대로 새롭게 편성되면서, 독립 전쟁의 중요한 축이 되었습니다.

조선의용대와 한국광복군의 통합은 독립운동 세력이 더 단결하고, 일본에 맞서 싸우는 힘을 키우는 중요한 계기가 되었습니다. 이를 통해 독립운동은 더 체계적이고 강력하게 전개될 수 있었답니다.

(5) 가장 위험한 작전, 전지공작대

"적진에 뛰어들어야 해답이 보입니다."

조용히 속삭이듯 말한 청년의 눈빛은 결의에 차 있었습니다. 그의 이름은 한성수. 한국광복군 제3지대 전지공작대원으로, 적진 깊숙이 뛰어든 독립운동가였어요. 그는 조선 청년의 마음을 되찾는 싸움을 치열하게 펼칩니다.

1940년대 후반, 중국에 주둔한 한국광복군은 일본군에 강제로 끌려간 조선 청년들을 구해 내기 위한 작전을 시작합니다. 가장 위험했지만, 가장 절실한 작전이었지요.

이제부터 그 뜨거운 작전의 이야기를 시작해 볼게요.

한국광복군 제3지대와 적진으로 향한 청년 한성수

1943년, 한성수는 일본 도쿄에서 유학 중이었습니다. 그러던 어느 날, 일본 정부는 그를 학도병으로 징집했습니다. 강제로 일본군 옷을 입고 중국 전선에 배치된 그는, 총을 들고 일본군 편에 서야 하는 현실을 받아들일 수 없었습니다.

"나는 조선을 향해 총을 쏠 수 없습니다. 반드시 도망쳐서 우리 편에 서겠습니다."

한성수는 목숨을 걸고 탈출을 감행했습니다. 그는 중국 안후이성 푸양에 도착하였고, 마침내 한국광복군 제3지대에 들어가게 됩니다.

한국광복군 제3지대는 중국 안후이성에 주둔한 부대였습니다. 이곳은 병력을 훈련시키고, 정보 활동과 특수 임무도 수행하던 전략적 중심지였습니다.

지대장 김학규 장군은 한성수를 보고 이렇게 말했어요.

한국광복군 제3지대 창설 기념 한국광복군 제3지대는 중국 안후이성에 주둔한 부대로, 병력을 훈련시키고 정보 활동과 특수 임무도 수행하던 전략적 중심지였어요. (사진·독립기념관)

"당신 같은 청년을 기다렸습니다. 일본군 안에도, 우리와 함께할 사람들이 반드시 있을 겁니다."

그렇게 시작된 작전이 있었습니다. 바로 '전지공작대', 다른 말로는 '초모공작대'라고도 불렸어요. 전지공작대는 일본군이 점령한 지역에 몰래 숨어 들어가, 조선 청년들을 찾아내 광복군으로 끌어오는 임무를 맡았어요.

한성수는 제3지대에서 군사 훈련을 마친 뒤, 전지공작대원으로 선발돼 적의 중심지인 상하이로 파견되었습니다. 상하이는 일제의 감시가 매우 심했던 도시였지만, 그곳엔 일본군 학도병으로 끌려온 조선 청년이 많이 있었습니다.

한성수는 상하이에서 몰래 움직이며 조선 청년들에게 조심스럽게 다가갔습니다. 그는 열 명이 넘는 조선 청년을 광복군으로 데려오는 데 성공합니다. 하지만 위험은 언제나 가까이에 있었습니다.

한성수는 일본군 헌병대에 의해 체포됩니다. 그를 밀고한 사람은 일본 편으로 돌아선 조선인 사업가였습니다.

한성수는 난징 감옥에 갇혀 혹독한 고문을 받습니다. 하지만 그는 광복군의 비밀을 끝까지 말하지 않았고, 재판에서도 일본어 사용을 거부하며 조선인의 자존심을 지켰어요.

"나는 대한의 군인이다. 조선말로만 말하겠다."

전지공작대원 한성수 한성수는 적의 중심지인 상하이에 파견되어 열 명이 넘는 조선 청년을 광복군으로 데려오는 데 성공했어요. (사진·대한민국 역사박물관)

그는 끝내 감옥에서 순국했습니다. 하지만 그의 용기와 신념은 남은 동료들에게 큰 힘이 되었습니다.

전지공작대는 단지 군인을 모으는 부대가 아니습니다. 적의 한복판에서 조선 청년의 마음을 되찾는 일, 함께 싸울 동지를 찾는 임무를 수행했습니다. 이 작전은 매우 위험했고, 실제로 많은 대원이 목숨을 잃었습니다. 하지만 이들이 데려온 탈출병은 한국광복군 내부에서도 강한 결의와 용기를 가진 핵심 전력이 되었답니다.

한성수의 "적진에 뛰어들어야 해답이 보입니다"라는 말은 단순한 각오가 아니었습니다. 그건 우리 민족을 다시 모으기 위한 진심 어린 외침이었습니다.

전지공작대는 그렇게 총알보다 더 강한 믿음으로 싸운 사람들이었습니다. 그들의 이름은 지금은 잘 알려지지 않았지만, 대한민국을 만든 또 하나의 힘이 되어 남아 있습니다.

(6) 영국군과 함께 싸운 한국광복군

"드디어 진짜 전쟁터에 나가게 되었습니다."

1943년, 한국광복군은 영국군과 손을 잡고 인도-버마 전선으로 향하게 되었어요. 여기서 '인면전구 공작대'라는 이름으로 일본군과 싸우고, 정보 수집, 심리전, 후방 교란 작전에 참여하게 됩니다.

드디어 한국광복군이 실전에 투입된 순간, 이들은 조국의 독립을 위해 목숨을 걸고 싸웠어요.

인면전구 공작대의 탄생

'인면전구 공작대'는 한국광복군에서 영국군과 함께 작전을 펼치기 위해 선발된 대원들입니다. 이들은 인도와 버마의 험한 지역에서 작전을 수행할 체력이 필요했고, 일본군과 싸우기 위해 일본어도 잘 알아야 했어요. 또한 영국군과 함께 작전을 하기 위해 영어 실력도 필요로 했죠.

한국광복군의 인면전구 공작대 대원들 '인면전구 공작대'는 한국광복군에서 영국군과 함께 작전을 펼치기 위해 선발된 대원들이에요.

인면전구 공작대는 엄격한 선발 과정을 거쳐 제1지대에서 2명, 제2지대에서 7명이 뽑혀 총 9명으로 구성되었습니다. 이들은 중국 군사위원회에서 기초적인 군사 훈련을 받고, 1943년 8월 29일 영국군의 주요 근거지 중 하나인 인도 콜카타로 파견되었습니다.

인도-버마 전선에서 빛나는 활약

인면전구 공작대는 인도와 버마 국경에서 벌어진 임팔 전투에서 중요한 활약을 했습니다. 이들은 일본군을 상대로 일본말로 항복을 권유하는 방송을 하며 일본군을 혼란스럽게 만들었어요. 그 결과 실제로 일본군이 항복하기도 했죠. 이들은 일본군 포로를 심문하고, 문서를 번역하여 중요한 군사 정보를 영국군에게 제공했어요.

티딤 철수 작전 중에는 인면전구 공작대의 문응국 대원이 일본군의 문서를 분석해 병력 배치 정보를 알아냈어요. 이 정보 덕분에 영국군은 안전하게 철수할 수 있었고, 영국군 지휘관이 직접 대원들에게 찾아와 감사 인사를 했습니다. 그만큼 이들의 정보가 전투의 승패를 결정짓는 중요한 역할을 했습니다.

인면전구 공작대는 임팔 전투 이후 미얀마에서 일본군을 몰아내는 작전에도 참여합니다. 이들은 일본군 포로를 심문하고 암호를 해독하여, 연합군이 일본군을 이기는 데 큰 기여를 했습니다.

인면전구 공작대는 한국광복군이 영국군과 함께 일본에 맞서 싸운 중요한 사례입니다. 비록 작은 부대였지만, 그들의 역할은 매우 컸답니다. 이들의 활동은 한국 독립운동을 세계에 알리고, 국제적인 인정을 받는 데 큰 도움이 되었어요.

인면전구 공작대는 1945년 9월, 2년간의 활동을 마치고 조국으로 돌아왔고, 이들의 노력은 한국 독립운동 역사에서 중요한 장면으로 남아 있습니다.

(7) 일본의 항복으로 좌절된 국내 진공 작전

"우리가 기다려온 바로 그날이……, 허무하게 끝나 버렸습니다."

1945년 8월 20일, 한국광복군은 한반도로 진격하는 '국내 진공 작전'을 시작할 예정이었어요. 하지만 그보다 다섯 날 앞서 일본이 항복을 선언합니다.

전쟁은 끝났지만, 한국광복군은 한반도에서 싸울 기회를 잃고 말았어요. 그 누구보다 간절했던 그들의 전투는 역사 속 가장 아쉬운 작전으로 남게 되었답니다.

미국 OSS와 함께한 국내 진공의 꿈

한국광복군은 미국과의 협력 덕분에 국내 진공 작전을 준비할 수 있었습니다. 당시 미국은 태평양전쟁에서 일본을 이기기 위해 여러 나라의 힘을 모으고 있었고, 그 과정에서 한국광복군의 역할을 주목하게 되었죠.

그래서 미국의 비밀 정보부대인 'OSS(전략 정보국)'가 한

한국광복군과 미국 OSS의 회담 직후 모습 한국광복군은 미국 비밀 정보부대인 'OSS(전략 정보국)'와 손을 잡고 일본과 싸우는 작전을 세웠어요.

훈련 중인 한국광복군 1945년 초, 충칭에 있던 한국광복군 대원들은 미국 OSS의 도움을 받아 특별 훈련을 시작했어요.

국광복군과 손을 잡고 일본과 싸우는 작전을 세웠습니다. 이 작전은 한국광복군이 미국과 협력해 한반도에 잠입하여 일본군을 약화시키고, 연합군이 상륙할 때 지원하는 계획이었어요.

1945년 초, 충칭에 있던 한국광복군 대원들은 미국 OSS의 도움을 받아 특별 훈련을 시작합니다. 무전을 사용하는 법, 적의 정보를 파악하는 법, 심리전을 펼치는 방법

한국광복군 제2지대 간부와 미국 OSS 대원 한국광복군 대원들은 한반도의 5개 주요 도시에 잠입하는 독수리 작전을 계획했어요.

까지 철저하게 배웠죠. 이 훈련을 마친 대원들은 한반도로 들어가 일본군을 무찌를 준비를 모두 마치게 됩니다.

임무 앞에서 멈춰선 독수리 작전

국내 진공 작전을 위한 훈련을 마친 한국광복군 대원들은 '독수리 작전'이라는 중요한 임무를 맡게 되었어요. 독수리 작전은 대원들이 한반도의 5개 주요 도시에 잠입해 일본군의 움직임을 파악하고, 그 정보를 연합군에게 전달하는 임무였죠.

독수리 작전은 매우 비밀리에 진행되었고, 한국광복군 대원들은 한반도로 들어갈 날만을 기다리고 있었어요. 하지만 1945년 8월 15일, 일본이 갑자기 항복하면서 이 작전은 실행되지 못했습니다.

정진대의 한반도 파견, 미완의 성과

일본의 갑작스러운 항복 소식에 한국광복군 대원들은 큰 실망을 느꼈어요. 오랜 훈련을 통해 한반도로 돌아가 직접 싸우고 조국을 해방시킬 기회를 기다렸지만, 일본의 항복으로 그 꿈이 무산되었기 때문이죠.

임시정부는 국내 진공 작전을 펼쳐 일본군을 몰아내고 조국을 스스로 해방시켜 국제적으로 더 큰 인정을 받고 싶었어요. 하지만 일본의 항복으로 그 기회는 사라졌답니다.

중국 산둥성에서 정진대 대원들과 중국 인사들 한국광복군 최정예 대원들로 구성된 정진대는 일본군이 항복하도록 협상하고, 무장을 해제하는 역할을 맡았어요.

 그래서 대한민국 임시정부는 소규모 정진대를 한반도로 보내기로 결정했어요.

 한국광복군 최정예 대원들로 구성된 정진대는 일본군이 항복하도록 협상하고, 무장을 해제하는 역할을 맡았죠. 하지만 정진대가 도착했을 때 일본군은 항복을 선언했지만, 여전히 저항하고 있었어요. 그래서 안타깝게도 정진대는 계획했던 임무를 완전히 수행하지는 못했답니다.

4부

조국으로 돌아온 대한민국 임시정부

　대한민국 임시정부는 27년 동안 낯선 타국에서 오로지 조국의 독립을 꿈꾸며 쉼 없이 싸워 왔습니다. 이제 드디어 그 꿈을 이룰 날이 다가오고 있었지요.

　대한민국 임시정부 요인들에게 환국은 단순히 고향으로 돌아오는 일이 아니라, 나라를 되찾고 새롭게 세우는 매우 중요한 시작이었어요. 그러나 그들이 조국으로 돌아오는 길은 생각보다 쉽지 않았습니다.

(1) 대한민국 임시정부, 환국을 준비하다

"드디어 조국으로 돌아간다……."

1945년 8월 15일, 수십 년을 기다려 온 소식이 대한민국 임시정부에 전해졌습니다. 일본이 항복하고, 조국이 해방되었다는 소식이었지요.
그 순간 임시정부 요인들은 서로를 바라보며 "이제 우리가 돌아갈 시간이다"라는 말없이도 같은 마음을 느꼈습니다.

"나라를 다시 세우겠다."

27년 만에 고국 땅을 다시 밟는 길은 단순한 귀국이 아닌, 역사적 사명을 이루는 마지막 여정이었어요. 그들은 환호보다 책임을 떠안고, 외교와 현실의 벽을 넘어서며 "나라를 다시 세우겠다"는 각오로 조국을 향해 나아갔습니다.

대한민국 임시정부의 환국 계획과 준비

　대한민국 임시정부는 일본의 항복 소식을 듣자마자 환국을 위한 계획을 세우기 시작했어요. '환국'이란 나라 밖으로 떠난 사람들이 다시 고국으로 돌아오는 것을 뜻해요. 그래서 대한민국 임시정부의 귀국을 '환국'이라고 불렀답니다.

　대한민국 임시정부가 환국하려면 먼저 중국 정부와 협상이 필요했어요. 임시정부는 중국에서 활동해 왔고, 중국 정부의 지원을 받아 왔기 때문에 중국의 도움이 절대적으로 필요했답니다.
　김구는 중국 정부의 외교부장을 만나 환국 문제를 해결하려 했습니다. 이때 대한민국 임시정부가 국제적으로 인정받는 문제, 해외 교포들의 보호 문제, 일본군에 소속된 한국인들의 처리 문제 등 다양한 사안을 논의했답니다. 이러한 노력 끝에 중국 정부는 대한민국 임시정부의 환국을

상하이에 도착한 대한민국 임시정부 요인들(왼쪽부터 안미생, 지청천, 김구) 대한민국 임시정부는 일본의 항복 소식을 듣자마자 환국을 위한 계획을 세우기 시작했어요.

상하이에 도착한 대한민국 임시정부 요인들(왼쪽부터 김규식, 조완구, 김구, 안미생, 이시영) 미국은 대한민국 임시정부 요인들을 '정부'가 아닌 '개인 자격'으로 환국시키려 했어요.

돕기로 했고, 교통편과 경비도 마련해 주었어요.

대한민국 임시정부에게 중국의 지원보다 더 중요한 문제가 있었어요. 바로 미국의 국제적인 승인을 받는 것이었죠. 임시정부는 자신들이 한국의 공식 정부로 인정받기를 원했지만, 미국은 이를 허락하지 않았어요. 대신 임시정부 요인들을 '정부'가 아닌 '개인 자격'으로 환국시키려 했답니다.

이 소식에 대한민국 임시정부 요인들은 실망했지만, 미국의 요구를 받아들이기로 했어요. 비록 정부로서가 아니라 개인 자격으로 귀국하게 되었지만, 조국에 돌아가는 것만으로도 새로운 시작을 만들 수 있을 거라 믿었답니다. 그들은 최선을 다해 마지막 여정을 이어 갔답니다.

대한민국 임시정부, 혼란 속 국민과의 첫 만남

드디어 대한민국 임시정부가 조국으로 돌아오자 국민들은 뜨겁게 환영했어요. 서울 경교장에는 수많은 시민이 모

대한민국 임시정부 환국 봉영회 대한민국 임시정부가 조국으로 돌아오자 국민들은 뜨겁게 환영하며, 서울 경교장에는 수많은 시민이 모여 김구 주석을 비롯한 임시정부 요인들을 맞이했어요.

여 김구 주석을 비롯한 대한민국 임시정부 요인들을 맞이했어요. 신문들은 대한민국 임시정부의 환국 소식을 크게 보도했고, 전국에서 환영회가 열렸습니다. 서울운동장에서 열린 환영회에는 3만 명이 넘는 사람들이 모이기도 했습니다. 그만큼 대한민국 임시정부는 국민들에게 희망과 자부심을 안겨 준 상징적인 존재였던 거죠.

대한민국 임시정부가 환국했을 때, 한반도는 큰 혼란 속에 있었어요. 남쪽은 미국이, 북쪽은 소련이 각각 차지하고 있었고, 서로 다른 방식으로 한반도를 통치하려 했어요.

남쪽에서는 미국이 직접 통치하는 '군정'이 실시되었고, 북쪽에서는 소련이 지원하는 공산주의자들이 '인민위원회'를 만들어 나라를 운영하고 있었어요. 원래는 미국·영국·중국·소련이 함께 한반도를 관리하려고 했지만, 영국은 참여를 포기했고 중국도 반대하면서 결국 미국과 소련만 남북으로 들어오게 되었답니다.

이러한 상황 속에서 대한민국 임시정부는 큰 역할을 하기 어려웠어요. 미군정은 대한민국 임시정부를 공식적으로 인정하지 않았고, 정치 활동도 점점 제한되기 시작했답니다. 그럼에도 대한민국 임시정부는 '독립 주권 창조'와 '자주적인 신한국 건설'이라는 목표를 잃지 않고, 끝까지 최선을 다해 그 역할을 이어 가게 됩니다.

(2) 경교장에서 열린 마지막 대한민국 임시정부 회의

"이제 우리 이름으로 회의를 다시 여는 날이 왔다……."

　수많은 도시를 옮겨 다니며 나라의 독립만을 바라보던 대한민국 임시정부. 27년 만에 조국의 땅을 다시 밟은 그들은 마지막 사명을 다하기 위해 다시 자리에 모였지요.
　그곳은 바로 서울 서대문 근처에 있는 서양식 건물 '경교장'입니다. 김구 주석이 머물며, 대한민국 임시정부의 마지막 국무회의가 열린 역사적인 장소였어요.

"우리가 만들 나라의 모습을 그려 보자."

　이런 간절한 마음이 이 회의에 모였습니다.

　이제부터 우리는 그 마지막 회의의 의미와 이어진 신탁통치 반대 운동, 그리고 대한민국 임시정부가 역사 속으로 물러나게 된 이유를 함께 살펴보게 될 거예요.

대한민국 임시정부 마지막 공식 회의가 열린 곳, 경교장

경교장은 원래 기업가 최창학의 저택으로, 1938년 건축가 김세연이 설계한 서양식 2층 건물이었습니다. 김구는 이 건물의 일본식 이름이던 '죽첨장'을 버리고, 인근 다리 이름인 '경교(京橋)'에서 따와 '경교장'이라 고쳐 불렀습니다. 이후 경교장은 단순한 숙소가 아니라, 대한민국 임시정부의 마지막 활동 공간이자 마지막 청사가 됩니다.

1945년 12월 3일, 경교장에서 광복 이후 대한민국 임시정부가 주관한 첫 국무회의가 열렸습니다. 이 회의에는 김구, 김규식, 이시영, 조완구 등 대한민국 임시정부의 주요 인사들이 참석했습니다. 광복된 조국에서 어떤 나라를 만들어야 할지, 민주주의와 통일 정부의 방향 등에 대해 깊은 논의가 오갔습니다.

이 회의는 신문에 '귀국 후 첫 국무회의'라고 소개되었고, 김구는 "해방된 나라에서 정부 이름으로 회의를 다시 열

대한민국 임시정부의 마지막 청사, 경교장의 현재 모습 1945년 12월 3일, 경교장에서 광복 이후 대한민국 임시정부가 주관한 첫 국무회의가 열렸어요. (사진·서울연구데이터서비스)

경교장 집무실에서 업무를 보는 김구 김구는 이 건물의 일본식 이름이던 '죽첨장'을 버리고, 인근 다리 이름에서 따와 '경교장'이라 고쳐 불렀어요. (사진·대한민국역사박물관)

수 있다는 것만으로도 감격"이라며, 독립운동의 마지막 사명을 다하겠다는 의지를 보였다고 전해집니다.

며칠 뒤인 12월 6일, 같은 장소에서 두 번째 국무회의가 다시 열렸습니다. 회의 직후 대한민국 임시정부 요인들이 경교장 앞에서 함께 찍은 단체 사진도 남아 있어, 경교장이 실질적인 청사였음을 증언합니다.

대한민국 임시정부 마지막 경위대장이었던 윤경빈 선생은 훗날 이렇게 증언합니다.

"대한민국 임시정부가 처음 국내에 들어와서 경교장에 짐을 내렸고, 해방 후 대한민국 임시정부의 모든 일은 거기서 다 처리했으니까 마지막 청사라고 할 수 있죠."

대한민국 임시정부는 광복 이후 경교장에서 두 차례의 국무회의를 열며 정부로서의 기능을 회복하려 했습니다. 비록 국제사회와 미군정의 인정을 받지는 못했지만, 이러

1945년 12월 6일 경교장에서 제2차 국무회의를 마친 대한민국 임시정부 요인들
대한민국 임시정부는 광복 이후 경교장에서 두 차례의 국무회의를 열며 정부로서의 기능을 회복하려 했어요. (사진·대한민국역사박물관)

한 시도는 대한민국 임시정부의 존재 의지와 정통성을 보여 주는 상징적인 장면이었습니다.

신탁통치 반대와 대한민국 임시정부의 끝

대한민국 임시정부의 국무회의가 끝난 직후, 한반도에는

새로운 위기가 닥쳐옵니다. 1945년 12월 말, 미국, 소련, 영국의 외무장관이 모여 한반도의 미래를 논의하는 '모스크바 3국외상회의'를 열었습니다.

이 회의에서는 조선에 민주주의 임시정부를 세우고, 그 정부를 도울 미·소공동위원회를 만들자는 내용이 결정되었습니다. 필요한 경우 최대 5년 동안 미국·소련·중국·영국이 함께 조선을 임시로 관리할 수 있다는 '신탁통치'에 관한 내용도 포함되었습니다.

'신탁통치'는 나라가 완전히 독립하기 전, 여러 나라가 대신 다스리는 제도입니다. 광복을 막 맞은 사람들에게 이 소식은 "다시 외국 지배를 받는 것"처럼 느껴졌고, 강하게 반대했습니다.

대한민국 임시정부도 신탁통치는 조선의 자주독립을 가로막는 일로 판단했고, 12월 29일 경교장에서 긴급회의를 소집해 '신탁통치 반대 국민총동원위원회'를 구성합니다.

신탁통치 반대 운동 '신탁통치'는 "다시 외국 지배를 받는 것"처럼 느껴졌고, 이에 사람들은 강하게 반대했어요.

1946년 경교장 앞에서 열린 신탁통치 반대 집회 대한민국 임시정부도 신탁통치는 조선의 자주독립을 가로막는 일로 판단하고, '신탁통치 반대 국민총동원위원회'를 구성했어요. (사진·대한민국역사박물관)

이후 경교장은 신탁통치 반대 운동의 본부가 되었고, 포스터 배포, 연설회 개최, 성명 발표 등 다양한 활동이 이어졌습니다.

그러나 이 문제는 곧 우익과 좌익, 남과 북의 갈등을 키우는 계기가 되었고, 대한민국 임시정부가 꿈꿨던 통일된 자주 정부의 구상은 점점 어려워지게 됩니다.

1946년 2월 대한민국 임시정부의 입법기관이었던 '대한민국 임시의정원'이 해산되었고, 1948년 8월 15일 대한민국 정부가 수립되면서 임시정부는 공식적으로 해산되지는 않았지만 이후로는 더 이상 정부 기능을 하지 않게 됩니다.

(3) 대한민국 임시정부, 대한민국 정부로 이어지다

"우리가 세운 정부는 사라지지 않았습니다. 다른 이름으로, 새로운 땅에서 이어졌을 뿐입니다."

1945년, 우리나라는 일제에서 벗어났지만, 진짜 독립은 그때부터가 시작이었어요. 대한민국 임시정부는 광복 이후에도 조국을 위한 마지막 사명을 다하려 했지요. 그러나 곧 남과 북이 갈라지고, 혼란한 상황 속에서 1948년 8월 15일, 드디어 대한민국 정부가 수립됩니다.

이 나라 대한민국은 그냥 생겨난 것이 아니었어요. 1919년에 세워진 대한민국 임시정부의 정신과 법통을 계승해 오늘의 대한민국이 만들어진 것이랍니다.

대한민국 임시정부를 계승한 대한민국 정부

1948년 8월 15일, 대한민국 정부가 공식적으로 세워졌어요. 이때 대한민국이 처음 건국된 것으로 생각합니다. 그러나 사실 대한민국은 이미 1919년 4월 10일에 상하이에서 대한민국 임시의정원으로 시작되었답니다. 대한민국 임시의정원은 4월 11일 임시헌장을 만들어 '대한민국'이라는 나라를 세우고, 이를 운영하기 위한 임시정부를 만듭니다. 그래서 1948년에 세워진 대한민국 정부는 완전히 새로운 것이 아니라, 대한민국 임시정부를 이어받은 정부였던 거죠.

1948년 5월 10일, 남한에서 첫 단독 총선거가 열려 국회의원들이 뽑혔어요. 이렇게 뽑힌 국회의원들이 모여 '제헌국회'를 만들었어요. 이 국회는 대한민국의 첫 헌법을 만들기 위한 활동을 시작했답니다.

5월 31일, 제헌국회에서 이승만은 "대한민국 임시정부의 정신을 이어받아 새 나라를 세우자"고 제안했어요. 그리고

1948년 8월 15일 대한민국 정부 수립 선포식 대한민국 정부 수립 이후 발행한 공식 문서에는 '대한민국 30년'이라고 적혀 있어 대한민국이 1919년부터 이어져 왔다는 것을 규정하고 있어요.

대한민국 임시정부 때 쓰던 '대한민국'이라는 나라 이름을 그대로 사용하기로 결정했죠.

대한민국 정부 수립 이후 발행한 공식 문서에는 '대한민국 30년'이라고 적혀 있습니다. 이는 대한민국이 1919년부터 이어져 왔다는 것을 규정한 표현이었답니다.

1948년 7월 17일에 제정된 대한민국 제헌헌법에도 "유구한 역사와 전통에 빛나는 우리들 대한국민은 기미 삼일운동으로 대한민국을 건립하여 세계에 선포한 위대한 독립정신을 계승하여 이제 민주독립국가를 재건함에 있어서"라는 내용이 포함되어 있어요.

  1987년에 개정된 헌법에도 대한민국이 대한민국 임시정부의 정신을 이어받았다는 내용이 있습니다. 헌법 전문에는 "3·1운동으로 세워진 대한민국 임시정부의 정신"을 계승한다고 명시되어 있죠. 이처럼 우리나라는 대한민국은 대한민국 임시정부의 정신과 법통을 이어받아 탄생했고, 오늘날까지 그 역사와 전통을 이어 가고 있답니다.

  대한민국은 오랜 기간 많은 사람의 노력과 희생을 바탕으로 세워졌습니다. 대한민국 임시정부의 독립운동 정신은 오늘날까지 이어져 대한민국의 법과 사회에 깊이 새겨져 있답니다.

  이 책을 통해 대한민국이 걸어온 길을 되새기며, 우리가 앞으로 만들어갈 미래도 대한민국 임시정부의 정신을 바탕으로 더 밝게 나아가길 바랍니다.

(4) 지금도 남아 있는 대한민국 임시정부의 흔적들

"대한민국 임시정부는 사라졌지만, 그 정신은 어디에나 살아 있습니다."

대한민국 임시정부는 더 이상 활동하는 정부가 아니에요. 하지만 대한민국 임시정부가 걸어온 길, 그 정신은 오늘도 우리 곁에 머물러 있어요.

역사책에서 읽은 것처럼 멀리 느껴질지 몰라도, 서울 곳곳에 남아 있는 장소들을 직접 찾아가 보면 나라를 되찾기 위해 싸운 이들의 숨결을 지금도 생생히 느낄 수 있답니다.

대한민국 임시정부의 마지막 청사, 서울 경교장

서울 종로구에 있는 경교장은 광복 후 대한민국 임시정부가 환국한 뒤 김구 주석이 머물며 활동하던 곳이에요. 이곳은 대한민국 임시정부가 국내에서 처음이자 마지막으로 국무회의를 연 공간이자, 신탁통치 반대 운동을 이끌었던 역사적인 장소입니다.

경교장은 1949년 6월 26일 김구의 서거 이후 대만대사관, 미군 특수부대사령부, 베트남대사관으로 사용되면서 원래 모습을 서서히 잃어 갔습니다. 1967년부터는 병원 시설이 되면서 건물 내부가 완전히 뒤바뀌기 시작합니다.

1990년대부터 뜻있는 사람들을 중심으로 경교장의 역사적 의미를 되살린다는 취지에서 복원 운동이 일어났습니다. 3년간의 전면 복원작업을 벌인 끝에 2013년 3월 2일, 복원작업을 마치고 일반인에게 개방되어 현재에 이르고 있습니다.

복원한 경교장 집무실 서울 종로구에 있는 경교장은 광복 후 대한민국 임시정부가 환국한 뒤 김구 주석이 머물며 활동하던 곳이에요. (사진·서울연구데이터서비스)

 현재 경교장의 지하공간은 대한민국 임시정부와 경교장의 역사를 조망할 수 있는 전시 공간으로 조성되어 있고, 1~2층은 대한민국 임시정부 당시의 모습으로 복원하여 재현되어 있습니다.
 경교장은 누구나 관람할 수 있도록 공개되어 있으며, 직접 방문하면 임시정부의 마지막 발자취를 눈으로 확인할 수 있습니다.

대한민국임시정부기념관

서울 서대문구에 있는 '대한민국임시정부기념관'은 대한민국 임시정부의 탄생부터 활동, 해방 후까지의 과정을 한눈에 살펴볼 수 있는 역사 교육 공간입니다.

대한민국임시정부기념관은 대한민국 임시정부 수립 100주년 기념사업으로 2021년에 개관되었습니다. 외관은 마치 태극기의 '건곤감리'를 형상화한 듯한 독특한 건축물이고, 내부에는 상하이 대한민국 임시정부 청사의 실물 크기 모형, 광복군 복장과 무기, 독립운동가들의 친필 편지, 여권, 명패, 유품 등이 풍성하게 전시되어 있습니다.

대한민국임시정부기념관은 특히 어린이를 위한 체험 공간과 영상 자료가 잘 구성되어 있어, 가족 단위 방문객에게 인기가 많습니다. 교과서에서 본 인물과 사건들을 직접 눈으로 확인하고 느껴볼 수 있는 곳입니다. 또한 계절마다

서울 서대문에 있는 '대한민국임시정부기념관' 대한민국 임시정부 수립 100주년 기념사업으로 2021년에 개관한 '대한민국임시정부기념관'은 대한민국 임시정부의 탄생부터 활동, 해방 후까지의 과정을 한눈에 살펴볼 수 있는 역사 교육 공간이에요. (사진·대한민국임시정부기념관)

특별 전시, 강연, 역사 탐방 프로그램도 열리고 있습니다.

역사 공부가 조금 어렵게 느껴졌던 친구들도, 이곳에 오면 대한민국 임시정부가 얼마나 대단한 일을 했는지 자연스럽게 알게 될 거예요.

독립운동가들이 잠든 곳, 효창공원

서울 용산구에 있는 효창공원은, 지금은 조용한 공원이지만 그 안에는 나라를 되찾기 위해 목숨을 바친 독립운동가들이 잠들어 있는 곳입니다.

이곳에는 대한민국 임시정부와 독립운동을 이끌었던 일곱 분의 독립운동가가 함께 잠들어 있습니다. 김구 선생님을 비롯해 이봉창, 윤봉길, 백정기 세 분 의사, 그리고 조성환, 이동녕, 차리석 선생님입니다. 이들은 '효창원 7의사 묘역'에 모셔져 있습니다.

묘소 앞에는 임시정부 각료 묘역 안내판이 있어 누가 어디에 묻혀 있는지 알 수 있고, 묘역은 태극기와 꽃으로 꾸며져 있어 조용하면서도 경건한 분위기입니다.

이곳에는 대한민국 임시정부 기념비와 독립운동 정신을 기리는 조형물도 함께 있어 공원 전체가 하나의 역사 공간

효창공원 삼의사 묘역 서울 용산구에 있는 효창공원은, 지금은 조용한 공원이지만 그 안에는 나라를 되찾기 위해 목숨을 바친 독립운동가들이 잠들어 있는 곳이에요. (사진·은동진)

효창공원의 이봉창 의사 동상 효창공원은 대한민국 임시정부 기념비와 독립운동 정신을 기리는 조형물도 함께 있어 공원 전체가 하나의 역사 공간처럼 꾸며져 있어요. (사진·국가유산청)

처럼 꾸며져 있습니다.

  광복절이나 순국선열의 날이 되면, 많은 시민과 학생이 이곳을 찾아 감사의 마음을 전하고, 묵념과 헌화를 하며 그 뜻을 이어 가고 있습니다.

  대한민국 임시정부의 정신은 지금도 이 땅 위에 살아 있습니다. 우리가 가볍게 지나치는 공원, 건물, 기념관 속에는 나라를 되찾기 위해 싸운 수많은 사람의 뜻과 희생이 담겨 있습니다.

  이제는 우리가 그 뜻을 기억하고 이어받아, 더 나은 나라를 만들어 나가는 주인공이 되어야 할 차례입니다.

| 부록 |

연대별로 보는 '대한민국 임시정부'의 역사

1919년

2월 21일	대한제국 마지막 황제 고종 승하
3월 1일	3·1독립만세운동 일어남
3월 21일	블라디보스토크에 '대한국민의회' 수립
	김규식, 파리에 한국대표부 설치
4월 10일	중국 상하이에 '대한민국 임시의정원' 창설
4월 11일	대한민국 '임시헌장' 제정
	중국 상하이에 '대한민국 임시정부' 수립
4월 13일	대한민국 임시정부 수립을 내외에 선포
4월 23일	서울에 '한성정부' 설립
4월 25일	대한민국 임시정부 장정 제정
4월	대한민국 임시헌장 국민납세의무 규정
4월	파리강화회의 개최, 파리위원부 설치
5월	김규식, 파리강화회의에 독립청원서 제출
5월	교통국 안동지부 설치
6월	임시징세령과 인구세 시행세칙 제정·공포
6월	임시사료편찬회 설립

7월 10일	대한민국 임시정부 연통제 실시
7월	대한민국 임시정부 대한적십자회 조직
8월	미국 워싱턴에 구미위원부 설치
8월 21일	《독립》 창간
9월 3일	대한민국 임시정부 공보 제1호 발간
9월	대한민국 임시관제 제정
9월 11일	대한민국 임시헌법 공포(1차 개헌)
11월	국채통칙과 독립공채 발행조례 제정·공포
12월	대한민국 임시정부 임시육군무관학교 조례, 대한민국 군제 제정

1920년

1월	임시지방교통사무국 장정 개정
1월	임시공채관리국관제 공포
2월	캘리포니아에 한인비행사양성소 설립
3월	국무원령 제2호 임시거류민단제 공포
4월	공채모집위원회에 관한 규정 공포
6월	봉오동전투 승리
10월	청산리전투 승리
10월	내무부령 제7호 임시교민단제 시행

| 1921년 | 11월 | 중국 호법 정부에 한국독립승인안 제출 |
| | 11월 | 한국대표단 워싱턴회의 참가, 한국의 독립을 호소 |

1923년	1~5월	국민대표회의 개최
	8월	육군 주만 참의부 조직
	12월	대한교민단 의경대 조직

| 1925년 | 6월 | 경무국 지원단체 정위단 조직 |

| 1926년 | 1월 | 병인의용대 결성 |
| | 9월 | 대한민국 임시정부 부서 조직규정 직제 변경 (경무국장→경무주임) |

| 1927년 | 4월 11일 | 대한민국 임시약헌 공포(3차 개헌) |

| 1929년 | 11월 | 조선혁명군 조직 |

| 1930년 | 7월 | 한국독립군 조직 |

| 1932년 | 1월 8일 | 이봉창 의거(일본 도쿄) |
| | 4월 27일 | 윤봉길 의거(중국 상하이) |

| 1933년 | 11월 11일 | 인성학교 정교 |

| 1934년 | 2월 | 중앙육군군관학교 낙양분교 한인특별반 설치 |

1937년	7월	대한민국 임시정부 내에 군사위원회 설치
	8월 1일	한국광복운동단체연합회 결성
	11월	조선민족전선연맹 결성

1938년	2월	류저우에 한국광복진선청년공작대 결성
	7월	대한민국 임시정부 광저우로 이동
	10월 10일	한국청년전지공작대 결성, 조선의용대 창설
	11월	대한민국 임시정부 류저우로 이동

1939년	5월	대한민국 임시정부 치장으로 이동
	11월	군사특파단 조직, 독립운동 방략 결정

1940년	4월	해외한족대회 개최
	9월 17일	대한민국 임시정부 충칭 정착 한국광복군 총사령부 성립전례식 거행

1941년	1월	한국청년전지공작대 한국광복군 편입
	6월	주미외교위원부 설치
	11월 28일	대한민국 건국강령 공포
	12월 18일	대한민국 임시정부 대일 선전포고 발표

1942년	1월	장제스에게 대한민국 임시정부 승인 요청
	2월 27일	대한인자유대회 개최
	4월	조선의용대 한국광복군 편입 결의
	6월	대한민국 임시정부, 외교연구위원회 설립

1943년	5월 10일	재중국 자유한인대회 개최
	8월	한국광복군 인면전구 공작대 영국군과 인도·버마 전선에서 공동작전 수행
	10월	한국광복군 제2지대장 이범석, 미국 OSS 측에 광복군의 미군 근무 제의
	12월 1일	카이로 선언문 발표

1944년	4월 22일	대한민국 임시헌장 공포(제5차 개헌)
	5월 25일	대한민국 임시정부 잠행중앙관제 제정

1945년		
	3월	한국광복군 훈련관 출신 인사로 경위대 조직 재편 (청사 및 요인 보호)
	5월	한국광복군과 미국 전략사무국(OSS)과의 연합 훈련 실시(독수리 작전)
	8월 15일	대한민국 광복
	8월 16일	한국광복군 국내 정진대 파견
	9월	김구, 대한민국 임시정부 14개 당면 과제와 노선을 밝힌 '국내외 동포에게 고함' 발표
	11월 4일	대한민국 임시정부와 중국 국민당 간의 환국기념 만찬
	11월 5일	대한민국 임시정부 요인들 환국을 위해 충칭 출발, 상하이 도착
	11월 23일	대한민국 임시정부 요인 제1진 환국
	12월 2일	대한민국 임시정부 요인 제2진 환국
	12월 3일	경교장에서 환국 후 대한민국 임시정부 첫 국무회의 열림
	12월 6일	경교장에서 두 번째 국무회의 열림
	12월 16일	모스크바 3국외상회의 열림
	12월 19일	대한민국 임시정부 환국기념 봉영회(환영대회) 개최
	12월 29일	대한민국 임시정부 긴급회의, '신탁통치 반대 국민총동원위원회' 설치

1946년		
	2월	대한민국 임시의정원 해체

1948년		
	5월 10일	남한 첫 단독 총선거, 제헌국회 구성
	7월 17일	제헌헌법 제정
	8월 15일	대한민국 정부 수립

왜 천천히 읽기를 해야 하는가?

'천천히 읽는 책'은 그동안 역사, 과학, 문학, 교육, 지리, 예술, 인물, 여행을 비롯해 다양한 주제와 소재를 다양한 방식으로 펴냈습니다. 왜 천천히 읽자고 하는지 궁금해하는 독자들이 있어서 몇 가지를 밝혀 둡니다.

- '천천히 읽는 책'은 말 그대로 독서 운동에서 '천천히 읽기'를 살리자는 마음을 담았습니다. 천천히 읽기는 '천천히 넓고 깊게 생각하면서 길게 읽자'는 독서 운동입니다.

- 독서 초기에는 쉽고 가벼운 책을 재미있게 읽을 수 있는 방법으로 시작해야겠지요. 그러나 독서에 계속 취미를 붙이기 위해서는 그 단계를 넘어서 책을 깊이 있게 긴 숨으로 읽는 즐거움을 느낄 수 있어야 합니다. 그래야 문해력이 발달합니다.

- 문해력이 발달하는 인지 발달 단계는 대체로 10세에서 15세 사이에 시작합니다. 음식을 천천히 씹으면서 맛을 음미하듯이 조금 어려운 책을 천천히 되씹어 읽으면서 지식을 넘어 새로운 지혜를 깨달을 수 있습니다.

- 독서 방법에는 다독, 정독, 심독이 있습니다. 천천히 읽기는 정독과 심독에서 꼭 필요한 독서 방법입니다. 빨리 많이 읽기는 지식을 엉성하게 쌓아 두기에 그칩니다. 지식을 내 것으로 소화하기 위해서는 정독이 필요하고, 지식을 넘어 지혜로 만들기 위해서는 심독이 필요합니다.

- 어린이들한테는 쉽고 가볍고 알록달록한 책만 주어야 한다고 생각하는 어른들이 있습니다. 그러나 독서력이 높은 아이들은 어렵고 딱딱한 책도 독서력이 낮은 어른들보다 잘 읽습니다. 그런 기쁨을 충족하지 못할 때 반대로 문해력도 발달하지 못하면서 책과 멀어지게 됩니다.

'천천히 읽는 책'은 독서력을 어느 정도 갖춘 10세 이상 어린이부터 청소년과 어른까지 읽는 책들입니다. 어린이, 청소년과 어른들(교사와 학부모)이 함께 천천히 읽으면서 이야기를 나눌 수 있는 읽기 자료가 되기를 바라는 마음에서 만들고 있습니다.